Stephan Ernst / Ägidius Engel · Grundkurs christliche Ethik

Stephan Ernst · Ägidius Engel

Grundkurs christliche Ethik

Werkbuch
für Schule,
Gemeinde und
Erwachsenen-
bildung

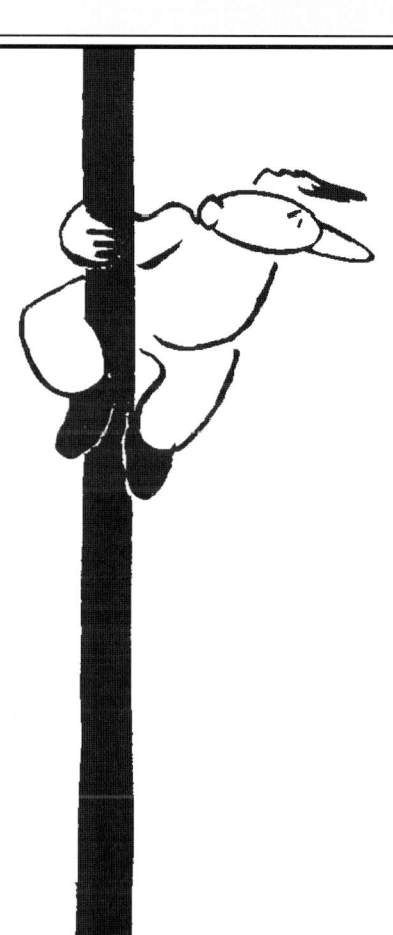

Kösel

ISBN 3-466-36487-6
© 1998 by Kösel-Verlag GmbH & Co., München
Printed in Germany. Alle Rechte vorbehalten.
Druck und Bindung: Kösel, Kempten
Umschlag: Kaselow Design, München
Umschlagmotiv und Kapiteleingangsseiten: Oliver Weiss, München

1 2 3 4 5 · 01 00 99 98 97

Inhalt

Vorwort

7

Einleitung

9

1. Kapitel

Mein Leben unter dem Anspruch Gottes
»Praktische« Einführung in die Ethik

27

2. Kapitel

Sagt uns die Bibel, was wir tun sollen?
Die Antwort der Zehn Gebote

43

3. Kapitel

Zeigt uns Jesus einen neuen Weg?
Die Forderungen der Bergpredigt

59

4. Kapitel

Welche Orientierung finde ich in mir selbst?
Das eigene Gewissen

75

5. Kapitel

Wie entscheide ich im Konfliktfall richtig?
Kriterien für gut und böse

91

6. Kapitel

Dürfen sich Normen und Werte wandeln?
Die Rolle der Erfahrung

107

7. Kapitel

Brauchen wir »neue« Tugenden?
Unser eigener Lebensstil

123

8. Kapitel

Freiheit, die mich handeln lässt
Die Bedeutung des Glaubens für das Handeln

139

9. Kapitel

Was ist, wenn ich versagt habe?
Der Umgang mit der Schuld

155

10. Kapitel

Ethisch handeln und (doch) glücklich sein!
Das Ziel des guten Lebens

171

Anhang

Literatur und Medien
188

Quellennachweis
194

Vorwort

Ethik hat Konjunktur. Die Sensibilität für die Bedrohungen durch unsere Lebensweise, die Einsicht in unsere eigene Verantwortung für die Zukunft brechen bei immer mehr Menschen auf. Zugleich wird die Frage nach Orientierungsmöglichkeiten immer drängender.
Worauf kann ich mich verlassen?
Darf ich Vertrauen in mein eigenes Gewissen haben?
Dass die Auseinandersetzung mit den Fragen dieser Verantwortung und mit den Angeboten ethischer Orientierung gefördert wird, dazu möchten wir mit dem vorliegenden Grundkurs Christliche Ethik beitragen.

Der Kurs bietet einen Zugang zur Ethik aus christlicher Sicht. Unsere Absicht war es dabei, das Konzept – auch wenn es von katholischen Autoren erstellt ist und in einigen Punkten auf die spezielle Situation katholischer Morallehre eingeht – konfessionell offen und ökumenisch zu gestalten. Mit unserem Grundkurs richten wir uns darüber hinaus aber an alle, die Interesse an Fragen der Ethik haben und ihre Verantwortung spüren.

Das Konzept und die Auswahl der Materialien ist aus unserer Praxis in der Erwachsenenbildung, im Schulunterricht und in der Gemeindearbeit hervorgegangen. Es ist deshalb gleicherweise für diese Bereiche geeignet und setzt bei den Teilnehmerinnen und Teilnehmern keine besondere Vorkenntnis oder Schulbildung voraus.

Der Kurs ist schließlich nicht primär ein Buch zum Lesen und Studieren, sondern ein Buch, das Gespräche und Diskussionen in Gang bringen will: ein Buch für die Praxis, das seinen Inhalt erst entfaltet, wenn man sich mit ihm auf den Weg macht. Dann aber kann dieser Weg zum Weg in die eigene Verantwortung und damit auch zu sich selbst werden.

Stephan Ernst / Ägidius Engel

EINLEITUNG

Ethische Fragen spielen in unserem Leben eine immer größere Rolle. Je mehr wir Menschen können, je größer die Möglichkeiten der Technik werden, je mehr wir uns der Welt bemächtigen und sie in den Griff bekommen wollen, umso größer wird auch unsere Verantwortung, die wir für unser Tun haben. Immer deutlicher machen wir die Erfahrung, dass Technik und Fortschritt auch unmenschliche und zerstörerische Folgen haben können. Wir müssen uns deshalb nicht nur klar darüber werden, was wir können, sondern vor allem darüber, was wir überhaupt wollen und was wir dürfen.

Dabei geht es nicht nur um große technische Entwicklungen, die von unserem alltäglichen Leben weit entfernt zu liegen scheinen. Immer mehr bestimmen vielmehr die Technik und die Beherrschung der Welt auch unser ganz normales Alltagsleben. Die Rationalisierung von Produktionsvorgängen prägt unsere Arbeitswelt entscheidend mit. Die Welt der Medien gestaltet immer mehr unsere Sicht der Welt und überhaupt unseren Zugang zu ihr, sie verhindert immer mehr wirkliche Kommunikation. Die Entwicklungen in Medizin und Biologie betreffen uns zutiefst, etwa wenn wir ein Kind erwarten, wenn wir krank werden, wenn es darum geht, menschenwürdig zu sterben.

Fragen wir nach Orientierungen angesichts dieser Verantwortung, die sich in der unmittelbaren Zukunft noch verschärfen wird, so treffen wir in unserer Gesellschaft auf eine ganze Reihe von Antworten und Wegweisungen. Unter ihnen stellen auch die Antworten der Kirchen nur eine von vielen Möglichkeiten dar. Einvernehmliche verbindliche Auskünfte aller Gruppen unserer Gesellschaft können wir kaum erwarten. Der/die Einzelne ist daher immer stärker auf sich selbst und seine/ihre eigene Entscheidung, sein/ihr eigenes Urteil verwiesen. Er/sie ist immer stärker gefordert, einen eigenen, persönlichen Lebensstil zu entwickeln, der seiner/ihrer Verantwortung entspricht. Dies entspricht zwar gewiss unserem neuzeitlichen Lebensgefühl, dass wir autonome und freie Subjekte sind. Das bedeutet aber auf der anderen Seite einen ungeheuren Anspruch an Einzelne, der nur allzuoft zu Orientierungslosigkeit im Blick auf die grundlegenden Werte führt.

Ethik, das *bewusste Nachdenken und methodische Überprüfen unseres Denkens und Handelns*, tut also Not.

1. Ziel des Kurses

Der vorliegende Grundkurs möchte für die Bereiche Erwachsenenbildung, Gemeinde und Schule einen Beitrag zur ethischen Bildung aus christlicher Sicht leisten.

Dabei soll es – gerade angesichts der Pluralität von Wegweisungen und Wertvorstellungen in unserer Gesellschaft – nicht darum gehen, ein Lehrbuch der Ethik vorzulegen, in dem umfassend angegeben wird, wie man sich in konkreten ethischen Fragen verhalten sollte. Vielmehr möchte der vorliegende Kurs die Fähigkeit des Einzelnen fördern, ethisch zu urteilen.

Selbstverständlich ist es nicht so, dass wir das ethische Entscheiden und Urteilen überhaupt erst lernen müssten. Wir alle handeln und entscheiden in unserem Leben ja immer schon und bemühen uns, dies nach ethischen Gesichtspunkten zu tun. Wir entscheiden uns immer schon so, wie wir meinen, dass es gut und verantwortlich ist.

Der Kurs will aber eine Hilfe bieten, die Entscheidungen, zu denen wir in unserem alltäglichen Leben immer wieder herausgefordert sind, bewusster zu treffen. Es soll über Orientierungen und Kriterien aus dem christlichen Glauben heraus nachgedacht werden, nach denen wir unsere Entscheidungen treffen sollten, wenn wir ethisch und verantwortlich handeln wollen. Der Grundkurs will so eine Hilfe bieten, unser Leben bewusster und verantworteter aus dem Glauben heraus zu gestalten. Er will zugleich dazu helfen, unser Leben mehr aus eigener Gewissensentscheidung zu führen, und es so mehr als unser eigenes Leben zu leben.

Das zentrale pädagogische Ziel dieses Grundkurses ist es also, aus christlicher Sicht die ethische Urteils- und Handlungskompetenz des Einzelnen zu fördern.

Dahinter steht letztlich die grundlegende Einsicht, dass sich von ethischem Handeln nur dann wahrhaft sprechen lässt, wenn es aus eigener freier Einsicht des Handelnden hervorgeht, wenn es aus der eigenen Einsicht hervorgeht, dass das, was ich tue und will, richtig und gut ist. Wer dagegen etwas nur deswegen will und tut, weil es ein anderer ihm sagt oder befiehlt, weil es ihm nützt oder weil er so Nachteile und Strafe vermeiden kann, handelt nicht wirklich ethisch, selbst wenn er nichts Falsches und Unverantwortliches tut.

Ethik
lehrt nicht fertige Urteile,
sondern Urteilen selbst.
Sie ist kein Codex von
Geboten und Verboten wie das Recht,
sie wendet sich an das
Schöpferische im Menschen.
Nicht Entmündigung und
Einspannung des Menschen
in ein Schema ist ihr Ziel,
sondern seine Erhebung
zur vollen Mündigkeit
und Verantwortungsfähigkeit.

Nicolai Hartmann

2. Moralpädagogische Begründung

Das Ziel, die ethische Urteils- und Handlungskompetenz des Einzelnen zu fördern, findet seine Begründung zunächst unmittelbar in der – nicht zuletzt auch christlichen – Überzeugung, dass jedem Menschen als einer einmaligen, unvertretbaren Person unbedingte Würde und Freiheit zukommt und dass sein Gewissen als letzte und unbedingt zu achtende Instanz gilt. Dann nämlich muss es auch Aufgabe der ethischen Erziehung und Bildung sein, den Menschen in seinem Person-Sein zu fördern und seine eigene Gewissenseinsicht zur Entfaltung zu bringen. Es muss darum gehen, dass sein Leben in human-personaler Weise glückt: dass er in der Gemeinschaft und unter Achtung der Freiheit und Würde aller anderen zu gelebter Identität findet.

Das Ziel, die ethische Urteils- und Handlungskompetenz zu fördern, konvergiert aber auch mit den Konzepten der gegenwärtigen Moralpädagogik. Dazu können freilich nur einige Hinweise gegeben werden.

Moralpädagogik beschäftigt sich heute nicht mehr bloß mit der Frage der didaktischen Umsetzung einer bereits vorausgesetzten inhaltlich vollständig entfalteten Ethik. Im Zentrum des Interesses steht vielmehr die sehr viel grundlegendere Frage, wie Menschen überhaupt die Fähigkeit erwerben, ethisch zu urteilen und zu handeln. Auf der Grundlage pädagogischer, psychologischer und sozialwissenschaftlicher Forschung wurden dazu unterschiedliche Ansätze entwickelt. Beiträge zur Erforschung der Entwicklung moralischer Kompetenz kommen sowohl von sozialisationstheoretisch-rollenorientierten Ansätzen als auch von lerntheoretischen Entwürfen als auch von der sozialpsychologischen Einstellungsforschung. Besonders einflussreich ist jedoch das Stufenkonzept der kognitiven ethischen Entwicklung des Menschen geworden, das Lawrence Kohlberg, aufbauend auf den entwicklunspsychologischen Erkenntnissen von Jean Piaget, erarbeitet hat. Dieses Entwicklungsschema wurde dann insbesondere von James W. Fowler, Fritz Oser und Paul Gmünder unter Einbeziehung der religiösen Dimension des Glaubens weiterentwickelt.

Literaturhinweise:

L. Kohlberg: Zur kognitiven Entwicklung des Kindes, Frankfurt 1974, darin besonders: ders., Stufe und Sequenz. Sozialisation unter dem Aspekt der kognitiven Entwicklung.
L. Kohlberg / E. Turiel: Moralische Entwicklung und Moralerziehung, in: G. Poertele (Hg.): Sozialisation und Moral, Weinheim-Basel 1978, 13-80.
Fr. Oser: Moralisches Urteil in Gruppen. Soziales Handeln. Verteilungsgerechtigkeit. Stufen der interaktiven Entwicklung und ihre erzieherische Stimulation, Olten 1976.
Fr. Oser / P. Gmünder: Der Mensch – Stufen seiner religiösen Entwicklung, Gütersloh (3)1992. ▶

Entwicklungsstufen der ethischen Urteilsbildung nach L. Kohlberg

Vormoralisches Niveau

1. Stufe der heteronomen Moral. Orientierung an Strafe und Gehorsam. Anordnungen werden befolgt, um Strafe zu vermeiden.

2. Stufe des naiven und instrumentellen Hedonismus. Ein konformes Verhalten erfolgt um einer Belohnung willen.

Konventionell-konformistisches Niveau

3. Stufe der Übereinkunft. Das ethische Verhalten dient der Aufrechterhaltung guter Beziehungen.

4. Stufe der Autoritätsmoral. Man will der Kritik durch Autoritätspersonen entgehen und Schuldgefühle vermeiden. Die Orientierung erfolgt an Gesetz und Ordnung.

Weiterführende Literatur zur Moralpädagogik:

V. Eid / A. Elsässer / G. Hunold (Hg.): Moralische Kompetenz. Chancen der Moralpädagogik in einer pluralen Lebenswelt, Mainz 1995.

Postkonventionelles Niveau

5. Stufe der individuellen Rechte und des Sozialkontrakts. Man begreift, dass die Rechte des Einzelnen geschützt und respektiert werden müssen. Die legalistische Orientierung wird als sinnvoll und sozial nützlich anerkannt.

6. Stufe der ethischen Prinzipien. Man will vor sich selbst und seinem Gewissen bestehen können. Man will sich nicht verurteilen müssen.

Das Stufenkonzept von L. Kohlberg (vgl. das nebenstehende Schema) geht davon aus, dass sich die ethische Urteilskompetenz des Menschen über mehrere Niveaus entwickelt: So ist die ethische Urteilskompetenz des Kindes zunächst noch – auf einem »vormoralischen Niveau« – stark von der Elternautorität bestimmt und an der Vermeidung von Strafe orientiert. Es folgt eine Ebene der Konventionen und des konformen Verhaltens, auf der der Heranwachsende sich an herkömmliche Regeln hält, aber auch schon eigene Erfahrungen aufgrund von Prinzipien wie etwa Gegenseitigkeit, Fairness oder Gerechtigkeit abwägt. Schließlich wird dann eine weitere postkonventionelle Ebene des ethischen Urteils erreicht, auf der eigene freie Einsicht und universale Prinzipien leitend sind.

Auf der Grundlage dieser Einsicht in die Entwicklung ethischer Urteils- und Handlungskompetenz lässt sich moralpädagogisches Handeln dann freilich nicht mehr bloß als Belehren, Instruieren, Ermahnen oder Gewöhnen verstehen. Solche Modelle scheinen heute nicht mehr geeignet, selbst vernünftige Einstellungen, Werte und Normen einsichtig zu machen und zu vermitteln. Nicht das »Pauken« fertiger Lösungen trägt zur Bildung eigenständiger verantworteter Urteile bei. Vielmehr ist es die Auseinandersetzung mit konkreten Dilemmata und Konflikten, die Menschen anregt, bisherige Handlungsweisen zu hinterfragen, sich für neue Argumente und Positionen zu öffnen, den eigenen Standpunkt zu festigen oder zu korrigieren und so eine zunehmend eigenständige und reife Urteilskompetenz zu entwickeln.

Mit der ausführlicheren Vorstellung dieses Konzepts von Kohlberg ist freilich nicht gemeint, dass es in der Durchführung des vorliegenden Grundkurses lediglich um Förderung ethischer Kompetenz im Sinne der genannten Stufen gehen solle. Die Vorstellung, dass sich die Entwicklung ethischer Urteilskompetenz in genau dieser Abfolge der Stufen vollzieht, ist längst in Frage gestellt und relativiert. Ebenso ist die Konzentration Kohlbergs auf die Beschreibung der rein kognitiven Entwicklung durch Konzepte ergänzt, die auch die emotionale Ebene berücksichtigen bzw. die auch die gesamte Identitätsentwicklung des urteilenden und handelnden Subjekts miteinbeziehen.

Sicher liegt der bleibende Wert sowohl in der grundlegenden entwicklungslogischen Struktur des Ansatzes als auch darin, dass Kriterien an die Hand gegeben werden, mit deren Hilfe man den Entwicklungsstand in der Begründung ethischer Urteile einordnen kann. Für die Durchführung des vorliegenden Grundkurses zur Christlichen Ethik aber möchten wir auf einen offeneren Orientierungsrahmen für moralpädagogisches Handeln verweisen, wie er sich für uns in der Praxis ergeben hat. Darin geht es über die Entwicklung kognitiver Urteilskompetenz hinaus um die Förderung grundlegender ethischer Haltungsbilder, die die Basis für die ethische Urteils- und Handlungskompetenz bilden und die mit in die eigenständige verantwortliche Entscheidung einfließen (vgl. dazu die nebenstehenden »Leitkategorien der Moralpädagogik«). Solche Haltungsbilder sind im individuellen Bereich die Einstellung der Selbstannahme, die die Selbstfindung und Selbstdistanz voraussetzt. Im sozialen Bereich lassen sich Haltungen benennen wie etwa Weltoffenheit, Solidarität, Toleranz, Glaubwürdigkeit, Schutz des Lebens, Friedensbereitschaft, Verantwortungsgefühl für Natur, Umwelt und Mitwelt, Hilfsbereitschaft gegenüber Schwächeren.

Moralpädagogisches Handeln zielt auf die Entwicklung solcher Haltungen, indem es versucht, Interaktion, Kooperation, Reflexion und Sachkompetenz zu fördern. Ethisches Urteilen und Entscheiden nämlich vollzieht sich wesentlich im Dialog mit anderen. Dabei kommt es darauf an, die Bereitschaft zur Argumentation für die eigene Position, aber auch die Offenheit für bessere

Argumente und Korrekturen der eigenen Meinung zu fördern.

Die partnerschaftliche Interaktion ist es, in der Achtung und Wohlwollen gegenüber dem anderen überhaupt erst erfahrbar gemacht und eingeübt werden können. Sie macht deutlich, dass alle in prinzipieller Gleichheit an der Verantwortung teilhaben und – entgegen einer bloßen Vorgabe von Normen durch Autorität – gemeinsam nach dem richtigen und verantwortlichen Handeln suchen. In Ergänzung dazu steht die moralpädagogische Bedeutung der Kooperation. Durch sie wird in methodischer Hinsicht Gemeinschaftsdenken und Verantwortungssinn konkret erweckt. In inhaltlicher Hinsicht hat sie zugleich die Bedeutung, auch das Moment der Zuwendung im Sittlichen zum Ausdruck zu bringen. Kooperation beabsichtigt ja immer auch, die für einander einstehende Hilfeleistung jedes(r) Einzelnen erfahrbar werden zu lassen. Im Moment der Reflexion ist weiterhin der – bei Kohlberg entfaltete – kognitive Aspekt der Moralerziehung angesprochen. Dazu gehört neben der Urteils- und Begründungsfähigkeit aber auch das Vermögen, die soziale Wirklichkeit adäquat wahrzunehmen, unterschiedliche Interessen zu erfassen, sich in andere hineinzuversetzen und ihre möglichen Reaktionen verstehen zu können. Schließlich gehört zur kognitiven ethischen Urteilskompetenz auch Sachkenntnis. Die Wahrnehmung von Verantwortung verlangt wegen der erforderlichen sittlichen Richtigkeit des Handelns eine Vielzahl von Einsichten, Kenntnissen, Wissensbeständen über den Menschen selbst,

Leitkategorien der Moralpädagogik

Förderung von ...

- Interaktion
- Kooperation
- Reflexion
- Sachkompetenz

mit dem Ziel ...

Individuelle Haltungsbilder
- Selbstannahme
- Selbstfindung
- Selbstdistanz

Soziale Haltungsbilder
- Weltoffenheit
- Solidarität
- Toleranz
- Glaubwürdigkeit
- Schutz des Lebens
- Friedensbereitschaft
- Verantwortung für Natur, Umwelt, Mitwelt
- Hilfsbereitschaft gegenüber Schwächeren

motiviert aus den...

Haltungen
- Des Glaubens
- Des Hoffens
- Der Liebe

aber auch über naturale, sozio-ökonomische, kulturelle und politische Verfasstheiten seiner Lebenswelt.

Über die Entwicklung dieser vier Kompetenzen hinaus geht es der Moralpädagogik aus christlicher Sicht dann schließlich auch darum, die Grundhaltungen des Glaubens, der Hoffnung und der Liebe zu fördern. Durch sie erhält das Handeln des Menschen noch einmal eine neue Motivation. Das Verhalten gegenüber den anderen nimmt nicht mehr nur Maß an seinen faktischen Qualitäten, sondern an ihm als einem von Gott angenommenen und geliebten Wesen. Zugleich erhält ethisches Handeln durch Glaube, Hoffnung und Liebe auch ein Korrektiv. In diesen Haltungen nämlich bezeugt sich – vom Gedanken der Schöpfung und der Erlösung her – ein bestimmtes Grundverständnis der Welt und des Menschen, das auch den Umgang mit dieser Wirklichkeit umfassend neu gestaltet.

Literaturhinweis:

Zur Begründung und Erläuterung der Kategorien »Interaktion, Kooperation, Reflexion und Sachkenntnis« vgl.:
G. *Mertens:* Die Kategorie der Verantwortung. Überlegungen zum Leitziel der Moralerziehung, in:V.f.wiss.Päd. 71 (1995) 426-441.

3. Inhaltliche Konzeption

Ist es das Ziel dieses Grundkurses zur Christlichen Ethik, die jeweils eigene ethische Urteilskompetenz zu bedenken und zu entwickeln, dann kann es in inhaltlicher Hinsicht nicht darum gehen, eine möglichst vollständige Darstellung der einzelnen konkreten Themen der Ethik, deren faktischer ethischer Bewertung und der Diskussion über einzelne strittige Fragen zu geben. Inhaltlich muss es vielmehr darum gehen, Anregungen zu liefern, das eigene ethische Urteilen und Handeln besser in den Blick zu bekommen, zu reflektieren und so gegebenenfalls verbessern zu können.

Es wird deshalb zunächst einmal darum gehen, das Phänomen des Ethischen selbst in den Blick zu bekommen. Im 1. Kapitel soll daher im Sinne einer Hinführung zur Ethik der unbedingte Anspruch des Sollens in unserem alltäglichen Tun oder auch in unserem gesellschaftlichen Umfeld aufgewiesen und entdeckt werden. Auf diesem Wege soll ein erster erfahrungsmäßiger Zugang zur »Sache«, mit der es die Ethik zu tun hat, ermöglicht werden.

Anschließend soll es in einem Ersten Themenkreis (Kapitel 2-4) darum gehen, die Quellen unseres eigenen ethischen Urteilens und Handelns zu überdenken. Welche Orientierungshilfen werden uns vonseiten des jüdisch-christlichen Glaubens angeboten? Wie weit geben sie wirklich Orientierung? Wie weit tragen ihre Weisungen in konkreten Entscheidungssituationen?

Im Einzelnen wird zunächst im 2. Kapitel gefragt, in welchem Maß uns die Zehn Gebote des Alten Testaments sagen können, wie wir heute verantwortlicherweise handeln können. Im 3. Kapitel wird weiter gefragt, ob die Bergpredigt Jesu im Neuen Testament diesen Weisungen wirklich etwas Neues hinzufügt. Dabei zeigt sich jeweils, dass Dekalog und Bergpredigt zwar Grundorientierungen auf bestimmte Werte des Menschen hin vermitteln, dass sie aber für konkrete Situationen keine vollständige Regelung anbieten. Die Entscheidung bleibt letztlich unserer eigenen Einsicht und unserem Gewissen überlassen, das ja auch entsprechend von der christlichen Tradition in seiner Bedeutung als letzter Urteilsinstanz immer wieder stark gemacht worden ist. Doch wie urteilt unser Gewissen? Wie unterscheidet es sich von subjektivem Gutdünken? Nach welchen Kriterien entscheidet es? Diese Fragen sollen Thema des 4. Kapitels sein.

Im Anschluss an diese Überlegungen zu den ethischen Grundorientierungen, die wir als Christen haben, sollen in einem Zweiten Themenkreis (Kapitel 5-7) die Kriterien reflektiert werden, die uns bei unseren konkreten persönlichen oder politischen Entscheidungen leiten oder leiten sollten. Im 5. Kapitel geht es dabei zunächst um die Frage nach einem Grundkriterium für alle ethischen Entscheidungen. Es zeigt sich, welche wichtige Rolle die Vernunft des Menschen spielt, aber auch, welche Bedeutung seine Erfahrungen mit der Wirklichkeit selbst haben. Es zeigt sich – dies ist das Thema des 6. Kapitels –, dass sich Normen und Werte mit der jeweiligen gesellschaftlichen oder geschichtlichen Situation wandeln und ändern können, ohne dass sie doch in der Zeit und an dem Ort, wo sie jeweils aufgestellt werden, ihre unbedingte Verbindlichkeit und Gültigkeit verlieren würden. Schließlich soll auch im 7. Kapitel darauf hingewiesen werden, dass es mit bloß rationaler Entscheidungsfindung nicht getan ist. Vorausgesetzt sind immer auch persönliche Grundentscheidungen und Grundhaltungen aufseiten des Handelnden, Tugenden, die ihn bei seinen Entscheidungen leiten.

Nach dieser Reflexion auf die Kriterien ethischer Entscheidungen soll im Rahmen einer christlichen Ethik schließlich in einem Dritten Themenkreis (Kapitel 8-10) auch darüber nachgedacht werden, in welchem Maß unser ethisches Handeln durch den christlichen Glauben spezifisch mitgeprägt ist. Als Themen, in denen sich dieses spezifisch Christliche zeigt, wird dabei zunächst im 8. Kapitel die christliche Freiheit aus dem Glauben behandelt, die zum Tun des Guten befähigt. Es schließt sich im 9. Kapitel eine Überlegung an über die Zusage der unbedingten Vergebungsbereitschaft Gottes, wenn wir versagt haben. Abschließend soll dann noch im 10. Kapitel der Frage nachgegangen werden, ob sich ethisches Handeln und ein geglücktes Leben des Menschen ausschließen, oder ob die Aussicht besteht, dass sie letztlich eins sind.

So ergibt sich die nebenstehende inhaltliche Konzeption des Grundkurses:

1. Kapitel
Mein Leben unter dem Anspruch Gottes
»Praktische« Einführung in die Ethik

I. Themenkreis: Die Orientierung der Christen

2. Kapitel
Sagt uns die Bibel, was wir tun sollen?
Die Antwort der Zehn Gebote

3. Kapitel
Zeigt uns Jesus einen neuen Weg?
Die Forderungen der Bergpredigt

4. Kapitel
Welche Orientierung finde ich in mir selbst?
Das eigene Gewissen

II. Themenkreis: Entscheidungsfindung

5. Kapitel
Wie entscheide ich im Konfliktfall?
Kriterien für gut und böse

6. Kapitel
Dürfen sich Normen und Werte wandeln?
Die Rolle der Erfahrung

7. Kapitel
Brauchen wir »neue« Tugenden?
Unser eigener Lebensstil

III. Themenkreis: Handeln im Glauben

8. Kapitel
Freiheit, die mich handeln lässt
Die Bedeutung des Glaubens für das Handeln

9. Kapitel
Was ist, wenn ich versagt habe?
Der Umgang mit der Schuld

10. Kapitel
Ethisch handeln und (doch) glücklich sein!
Das Ziel des guten Lebens

4. Methodische Konzeption

Das Ziel, die jeweils eigene ethische Urteilskompetenz zu fördern, begründet nicht nur die inhaltliche, sondern auch die methodische Konzeption des Kurses. Dann nämlich kann es nicht nur darum gehen, einen systematischen Text zur Kenntnis zu nehmen. Es muss vielmehr darum gehen, sich selbst mit der eigenen Urteilsfähigkeit und ihren Voraussetzungen auseinanderzusetzen, die »Sache« selbst in den Blick zu bekommen. Es muss darum gehen, die eigene Urteilskompetenz selbst zu erproben.

Dies hat zum einen die Konsequenz, dass der Kurs wesentlich für die Durchführung in Gruppengesprächen und im gemeinsamen Erfahrungsaustausch konzipiert ist. Für die Durchführung solcher Gruppengespräche gelten die einschlägigen pädagogischen und methodischen Grundlagen der Gruppenleitung.

Das Gruppengespräch soll dazu führen, dass die Teilnehmer/innen nicht nur irgendeine Position übernehmen oder akzeptieren, sondern dazu gebracht werden, ihre Auffassungen auch zu begründen. Durch den Austausch in der Gruppe kann deutlich werden, dass ethische Entscheidungen nicht einfach nur nach gefühlsmäßigen Eindrücken oder Stimmungen erfolgen, sondern begründet werden können und müssen. Dabei fließt selbstverständlich die jeweilige Lebenserfahrung, das Einfühlungsvermögen und auch Sachwissen mit ein. Diese Erfahrung im Dialog ist für die Förderung ethischer Urteilskompetenz unerlässlich. Zugleich kann damit auch die selbst ethische Grundhaltung der Dialogbereitschaft und der Korrekturoffenheit gefördert werden.

Eine weitere Konsequenz besteht darin, dass der vorliegende Kurs – wie gesagt – keinen durchgängigen systematischen Text anbietet, sondern verschiedenartige Texte im Sinn von »Bausteinen«, mit denen der/die Leser/in oder auch der/die Dozent/in frei arbeiten und die er/sie in einen selbständigen pädagogischen Entwurf integrieren kann. Es besteht ebenso Offenheit für ein selbstorganisiertes Lernen der Gruppe.

Literaturhinweise:

Th. Echtler / J. Töller: Leiten will gelernt sein. Ein Handbuch für Mitarbeiter in der kirchlichen Erwachsenenbildung, München 1987.
J. Knoll: Kurs- und Seminarmethoden, Weinheim (4)1992.
K.-H. A. Geißler: Anfangssituationen, Weinheim (4)1991.
R. Rabenstein (u.a.): Das Methoden-Set, hg. von der Arbeitsgemeinschaft für Gruppenberatung, Münster (7)1995.

L. Rendle u.a.: Ganzheitliche Methoden im Religionsunterricht, München (2)1997.
G. Adam / R. Lachmann (Hg.): Methodisches Kompendium für den Religionsunterricht, Göttingen (2)1996.
B. Grom: Methoden für Religionsunterricht, Jugendarbeit und Erwachsenenbildung, Düsseldorf (3)1992.

Folgende »Bausteine« sind in jedem der 10 Kapitel (das 1. Kapitel bildet in einigen Punkten eine Ausnahme) enthalten:

Eine Einführung

Die Einführung dient jeweils dazu, das Thema des Kapitels zu umreißen. Es wird auf grundlegende Fragestellungen aufmerksam gemacht, die als Leitfragen für die Behandlung des jeweiligen Themas dienen können. Von hier aus lassen sich bereits Ansatzpunkte für die pädagogische Gestaltung des Gesprächs finden. Darüber hinaus wird in der Einführung das Thema noch einmal in den gesamten Duktus des Kurses eingeordnet. Der »rote Faden« wird noch einmal aufgenommen, der das Kapitel mit den anderen verbindet.

Erfahrungen

Unter dem Stichwort »Erfahrungen« sind erste unmittelbare Zugänge zum Thema gesammelt: Meinungen, spontane Äußerungen, Lebensweisheiten, Aphorismen, Karikaturen, Gedichte etc. Sie lassen sich beliebig fortführen und ergänzen. Diese kurzen Erfahrungsäußerungen können dazu dienen, das Thema in der alltäglichen Lebenswelt zu verankern. Die Teilnehmer/innen sollten immer wieder ermutigt werden, sich dem Thema anhand eigener Lebenserfahrungen zu nähern.
Unter den »Erfahrungen« findet sich manchmal auch ein *Lied*. Es kann ebenfalls als Textgrundlage dienen und auch im Verlauf des Kurses gesungen werden. Auch solche Elemente tragen zur Offenheit der Atmosphäre und zum Gelingen des Gesprächs bei.

Problematisierende Texte

Damit sind solche Texte gemeint, durch die ein Konflikt oder ein Kontrast in der Beurteilung des Themas zur Sprache kommt. Einander widersprechende Meinungen und Positionen werden gegenübergestellt und miteinander konfrontiert. Damit soll zum einen deutlich gemacht werden, dass die Beurteilung ethischer Fragen selten eindeutig ist. Sie wollen deshalb zum anderen auch die Diskussion um das Pro und Contra bestimmter Antworten zu ethischen Problemen anregen. Dabei käme es darauf an, Argumente für oder gegen eine Position zu überlegen und zu sammeln.

Erklärende Texte

Neben den problematisierenden Texten gibt es immer auch erklärende Textbeiträge, die Informationen liefern oder eine Auffassung ausführlicher erläutern und begründen. Ethik hat es immer auch mit Sachwissen und wissenschaftlichen Einsichten über den Menschen und sein Handeln zu tun. Von diesen Sachtexten her gewinnt der Kurs zugleich wesentlich sein eigenes Profil.

Fälle

So sehr es in diesem Kurs darum gehen soll, über die Voraussetzungen und Orientierungen unseres ethischen Urteilens und Handelns nachzudenken, so sehr soll ethisches Entscheiden auch geübt werden. Am Ende jedes Kapitels finden sich deshalb immer auch zwei konkrete Fälle der Ethik. Sie sollen zur Diskussion über konkrete Entscheidungsmöglichkeiten führen. Auf diese Weise kommen so – quer zu den allgemeinen Themen der Ethik – auch wichtige aktuelle Fragen der Speziellen Ethik zur Sprache.

Literatur und Medien

Über diese »Bausteine« hinaus lassen sich selbstverständlich noch weitere Materialien hinzuziehen, die das Thema gerade auch im Blick auf die jeweilige Gruppensituation und Teilnehmerschaft hin weiter erläutern. In diesem Sinne wird – über die allgemeine Literatur- und Medienliste im Anhang hinaus – zu Beginn jedes Kapitels auf ausgewählte Literatur und Medien verwiesen, die für die Kursarbeit unmittelbar geeignet sind. Weiterhin wird in allen Kapiteln – gerade auch im Zusammenhang mit den konkreten Fällen – auf die entsprechenden Verlautbarungen der katholischen und der evangelischen Kirche hingewiesen.

5. Möglichkeiten der Durchführung

In welcher Form mit den vorliegenden Materialien ein Ethik-Seminar oder Unterricht zu ethischen Grundfragen durchgeführt wird, wird grundsätzlich nach Zielgruppe und institutionellem Rahmen variieren. Im Folgenden sollen einige Anregungen für mögliche Formen der Durchführung gegeben werden:

- Im Rahmen der *Erwachsenenbildung* lässt sich der Kurs zunächst allgemein auf der Ebene von Pfarrgemeinden, Dekanaten, Familienbildungsstätten, Volkshochschulen und anderen Bildungseinrichtungen durchführen. Ansatzpunkte, an denen sich die Durchführung eines Kurses anschließen kann, liegen hier etwa bei der Diskussion um bestimmte aktuelle Fragen der Ethik (etwa: Klonen, Hirntod …), bei Fragen der Erziehung von Kindern und Jugendlichen, der persönlichen Lebensführung und des gesellschaftlichen Engagements von einzelnen Gruppen.

Über die allgemeine Erwachsenenbildung hinaus aber ist es auch möglich, den Kurs in der *Weiterbildung* für bestimmte Berufsgruppen anzubieten, etwa für Pflegepersonal in Krankenhäusern und Altenheimen, für Mitarbeiter im Medienbereich, für Beschäftigte im Bereich der technischen Berufe etc. …

Im Blick auf diese Zielgruppen bietet es sich zunächst an, eine längere Reihe zu planen, die etwa 12 Abendveranstaltungen (entsprechend den 10 Kapiteln + 1 Einführungs- und 1 Abschlussabend) sowie drei Wochenenden (jeweils nach einem Themenkreis) umfasst. Die Wochenenden könnten dazu dienen, entweder die Themen der vorhergehenden Abende zu vertiefen oder einzelne konkrete Probleme der Ethik ausführlich zu bearbeiten.

Darüber hinaus aber ist es für dieselben Ebenen auch denkbar, den Kurs in einer reduzierten Form anzubieten, etwa: Eine Reihe von 10 Abenden (ohne Wochenenden) oder 3 Blockveranstaltungen (jeweils 2-3 Tage) oder 4-5 Abende mit ausgewählten Themen. Aus den einzelnen Kapiteln lassen sich dazu die Elemente bausteinartig zusammenfügen. Der Kurs verliert damit freilich die Systematik, die in der vollen Form durch die Abfolge und Zusammenstellung der Kapitel vorgegeben ist.

- Der Kurs ist weiterhin im Rahmen des *schulischen Ethik- und katholischen/evangelischen Religionsunterrichts* einsetzbar. Auf dieser Ebene ist er für die Sekundarstufen I und II geeignet sowie für den Einsatz an berufsbildenden Schulen. Einerseits lassen sich einzelne Bausteine des Kurses leicht den Kernthemen des Lernfelds Ethik der einschlägigen Richtlinien und Lehrpläne für die einzelnen Jahrgangsstufen zuordnen. Andererseits können sie – schwerpunktmäßig ab Jahrgangsstufe 9 – als Wahlthemen eingebracht werden. Darüber hinaus besteht die Möglichkeit, in Oberstufen- und Leistungskursen sowie AGs – verteilt über ein Schulhalbjahr – den vollständigen Kurs zu behandeln und das Buch als *Arbeitsmaterial für die Hand der Schüler* zu verwenden.

In Unterrichtssituationen kommt der Angebotscharakter der Texte, Fragen und Bilder den unterschiedlichen (Aus-) Bildungs- und Lernvoraussetzungen der Schülerinnen und Schüler sehr entgegen. Die Arbeitsaufträge zu den Texten können gegebenenfalls so abgeändert oder erweitert werden, dass die Lehrerin oder der Lehrer gezielter auf die Fragen und Interessen der Schüler eingehen kann. Als inspirierend für die Unterrichtsplanung und -durchführung haben sich uns auch die Methoden der Erwachsenenbildung erwiesen, hier vor allem die Visualisierungs-, Präsentations- und Moderationstechniken, Gesprächsmethoden sowie die Arbeit mit verschiedenen Sozial- und Interaktionsformen. Bei den bildorientierten Unterrichtsmedien sollten, neben den im Kursbuch vorhandenen Karikaturen, verstärkt künstlerische Darstellungen, av-Medien, Fotos und Overheadfolien zum Einsatz kommen.

- Im Hinblick auf diese verschiedenen Zielgruppen versteht es sich von selbst, dass der/die Referent/in oder Lehrer/in der Kursgruppe nicht nur mit den Grundlagen der Gruppenleitung, sondern auch mit den Grundlagen im Bereich der Ethik vertraut sein sollte, um zusätzlich zu den hier vorliegenden Materialien weitere Informationen geben und Hintergrundwissen einfließen lassen zu können. Dazu sind im Anhang entsprechende ausgewählte Literaturangaben – gerade auch zu einzelnen Themen der Ethik – angegeben.

6. Pastorales Anliegen

Über all die genannten moralpädagogischen Ziele hinaus ist schließlich mit der Durchführung des Grundkurses Christliche Ethik auch ein pastorales Anliegen verbunden. Sowohl durch die Verwendung im Schulunterricht als auch durch den Einsatz im Rahmen der kirchlichen Erwachsenenbildung sollen Orte und Gelegenheiten geschaffen werden, an denen man sich offen über die Fragen christlicher Ethik und Weltverantwortung, über Erfahrungen mit ihr und über ihre Herausforderungen durch die Zukunft austauschen kann.

Dieses Angebot möchte damit auf ein Defizit in der kirchlichen Verkündigung antworten, das auch Papst Johannes Paul II. beklagt und für das er erhöhte Anstrengungen in der pastoralen Arbeit fordert: »Die Konfrontation zwischen der Position der Kirche und der heutigen gesellschaftlichen und kulturellen Situation deckt unmittelbar die dringende Notwendigkeit auf, dass gerade im Hinblick auf diese grundlegenden Fragen [der Moral] von Seiten der Kirche selbst eine intensive Pastoralarbeit entwickelt werden muss« (VS 84). Als Zentrum dieser Arbeit sieht der Papst die Bildung des Gewissens der Einzelnen. »Die Aufgabe ... der Kirche zielt darauf, allen Gläubigen mit großer Liebe bei der Formung eines sittlichen Gewissens beizustehen, das zu urteilen und zu wahrheitsgemäßen Entscheidungen zu führen vermag« (VS 85).

Der Kurs möchte so auch dazu beitragen, sich in den Kirchen verstärkt auf die ethische Botschaft des christlichen Glaubens für unsere Gesellschaft zu besinnen. Denn: Ergibt sich aus dem christlichen Glauben nicht ein grundlegend anderes, alternatives Verständnis der Wirklichkeit als es unser im Westen herrschendes technisch-rationales Denken ist, das alles verzweckt und zum Objekt macht, um es beherrschen zu können? Ergibt sich daraus nicht auch ein grundlegend anderer Umgang mit der Wirklichkeit dieser Welt? Was also müssten die Kirchen aus dem Glauben heraus unserer Gesellschaft geben, was diese sich nicht selbst geben kann? Es scheint dringend geboten, dass die Kirchen die Praxis aus dem Glauben wieder zur Geltung bringen und diese in der Öffentlichkeit Akzeptanz gewinnt.

1. Kapitel

Mein Leben unter dem Anspruch Gottes

»Praktische« Einführung in die Ethik

Medientipp:

Trickfilm »Drop«, 3 Min (F), Italien 1993, Bruno Bozetto [Reg.] (VIDEOFILM)
Ein Zeitung lesender Mann lässt sich anfänglich durch Probleme in seiner häuslichen Umgebung (tropfender Wasserhahn, bröckelnder Putz etc.) zum Handeln bewegen. Zusehends aber wird er ärgerlicher, wenn er in seiner Feierabendruhe gestört wird, und ist nicht bereit, einzugreifen. Erst als sich eine globale Katastrophe abzeichnet, siegt die Einsicht in die Verantwortung.

Literturhinweise:

Fernando Savater: Tu was du willst: Ethik für die Erwachsenen von morgen,
Frankfurt (Campus-Verlag)1994
Das Buch stellt erste allgemeine Überlegungen über die Ethik an. Es wurde von einem spanischen Ethik-Professor für Heranwachsende geschrieben, ist jedoch ebenso vergnüglich für Erwachsene zu lesen.

Deutscher Erwachsenenkatechismus, Band 2:
Der Mensch vor dem Ruf Gottes (S.19-26)

Zur Einführung

Unser alltägliches Leben ist voll von Ansprüchen, die an uns gestellt werden. Im Berufsleben kommt eine Fülle von Anforderungen auf uns zu. Wir müssen uns in vorgegebene Abläufe und Vorgänge einpassen, mit Vorgesetzten und Kollegen zurechtkommen, wir müssen unsere Rolle spielen. Aber auch Familie und Bekannte treten mit Ansprüchen an uns heran. Die Freizeit muss gestaltet werden. Und dann haben auch wir selbst unsere eigenen – berechtigten – Ansprüche für uns selbst und an uns selbst. Wenn wir den Blick über unseren Alltag hinaus weiten, entdecken wir schließlich auch diejenigen Ansprüche, die die wirtschaftliche, politische und auch kulturelle Lage unseres Landes an uns stellt. Dahinter verbergen sich dabei – heute immer mehr – weltweite Zusammenhänge und Verantwortlichkeiten. Die Krisen der Umwelt, der Wirtschaft, der Arbeitslosigkeit, des Hungers, der Ungerechtigkeit betreffen uns ebenso wie die oft auch erschreckenden Möglichkeiten der Technik, der Medizin, der Biologie, und fordern uns zur Stellungnahme und zum Handeln heraus.

Die Ansprüche, unter denen wir stehen, widersprechen sich aber nur allzu oft. Sie ziehen uns in verschiedene Richtungen. Und manchmal kann es scheinen, als ob wir unter dem Druck der vielen Forderungen zerrissen werden. Dann müssen wir uns entscheiden. Wir müssen wählen, welchem Anspruch wir nachgeben und gerecht werden wollen. Wir müssen uns überlegen, welcher Anspruch den Vorrang verdient.

In all dem wird dann ein weiterer Anspruch sichtbar: der Anspruch, verantwortlich zu handeln und nicht nur nach meiner Befindlichkeit und für den eigenen Nutzen. Dieser Anspruch ist nicht vergleichbar mit all den anderen. Er liegt auf einer anderen Ebene. Denn in ihm geht es darum, wie ich mit allen anderen Anforderungen, die an mich herantreten, umgehe. Er verlangt eine grundsätzliche Entscheidung.

Mit diesem grundlegenden Anspruch hat es die Ethik zu tun. Sie möchte uns diesen Anspruch bewusst machen. Und sie möchte uns Hilfen zur Orientierung geben, wie wir unsere Verantwortung wahrnehmen können. Die folgenden Texte des 1. Kapitels sollen eine Einführung in die Ethik geben. Sie sollen deutlich machen, wo wir heute überall zu ethischem Handeln herausgefordert sind. Und sie sollen in einem ersten Zugang die Fragestellungen der Ethik ansprechen, die in den folgenden Kapiteln entfaltet werden.

Erfahrungen

- **Jede Minute**
  geben Länder der Welt 1,8 Millionen US-Dollar für militärische Rüstung aus.

- **Jede Stunde**
  sterben 1500 Kinder an Hunger oder durch Hunger verursachte Krankheiten.

- **Jeden Tag**
  stirbt eine Tier- oder Pflanzenart aus; mit Ausnahme der Zeit des Zweiten Weltkrieges wurden in den 80er Jahren:

- **Jede Woche**
  mehr Menschen verhaftet, gefoltert, ermordet, zur Flucht getrieben oder auf andere Weise durch repressive Regierungen unterdrückt als zu irgendeinem anderen Zeitpunkt in der Geschichte.

- **Jeden Monat**
  kommen durch das Weltwirtschaftssystem weitere 7,5 Mrd. US-Dollar Schulden zu den 1500 Mrd. Dollar hinzu, die schon jetzt eine unerträgliche Last für die Menschen in der Dritten Welt sind.

- **Jedes Jahr**
  wird eine Fläche des Regenwaldes, die 3/4 mal so groß ist wie Korea, für alle Zeiten zerstört.

Hans Küng

Aufgaben

Übernehmen Sie Impulse aus dem Bild und übertragen Sie diese auf den Text:

- Wer sitzt am Steuer? Wer reißt das Steuer herum?
- Wer rudert wie gegen den Strom?
- Sind Frauen an Bord?
- Mit welchen Gesichtszügen wird gehandelt? Vgl. Mt 6,16!
- Wie weit weg befinden wir uns vom Abgrund?

Tipps zur Arbeit mit der Karikatur:

Erstellen Sie verschiedene Folienvorlagen:
- Originalbild
- Karikatur ohne die linke Bildhälfte (ohne Abgrund)
- Karikatur ohne Text (Mit Fluid löschen)

Schreiben Sie den Text »Wir sind alle sehr besorgt!!!« auf eine große Tapete.
Eröffnen Sie damit die Gesprächsrunde ...

Themenfelder der Ethik

Ethische Fragestellungen betreffen bei näherem Hinsehen eine(n) jede(n) von uns unmittelbar, alltäglich. Im Großen wie im Kleinen müssen wir permanent entscheiden:
»Was soll ich tun, hier und jetzt, in der konkreten Situation?«
Doch gut und richtig zu handeln, ist schwer geworden. Anders als in der Vergangenheit, stellen heute die globalen Herausforderungen den Menschen zusätzlich und in nie gekanntem Maß vor die Frage, wie persönliches und gemeinschaftlich-soziales Leben in Zukunft gestaltet werden soll.
Bei genauer Berachtung der oben genannten Herausforderungen wird man leicht feststellen können, dass die Probleme miteinander verwoben sind und sich nicht so scharf trennen lassen, wie es das Schema vorgibt. Die Frage der Sterbehilfe beispielsweise berührt Medizin und Biologie, Kirche und Politik. So suchen denn auch immer häufiger Ethik-Kommissionen und interdisziplinäre Beratungsgremien nach Lösungen in komplizierten Einzelfragen. Dabei kommt der Klärung grundlegender Begriffe eine hohe Bedeutung zu. Was heißt »Leben«, »Tod«, »Evolution«, »Macht«, »Arbeit« in theologischer, naturwissenschaftlicher oder politischer Perspektive und welche Folgen ergeben sich dann in den jeweiligen Handlungsbereichen? Ein Unternehmer wird »Arbeit« anders definieren als etwa ein Ordensmann. Ein Buddhist hat ein anders Verständnis vom »Tod« als ein Christ.

Wichtige Handlungsfelder sind zum Beispiel:

Politik	Gesetzesflut	**Medizin**	Sterbehilfe
	Gleichberechti-		Abtreibungsfrage
	gung und -stellung		Tierversuche
	der Geschlechter	**Wirtschaft**	Nord-Südkonflikt
Technik	Kernkraftwerke		Rationalisierung
	Autoboom		Arbeitslosigkeit
	Datenschutz		
Biologie	Geburtenregelung		
	Genmanipulation		
Umwelt	Luftverschmutzung		
	Waldsterben		
	Ozonloch		
Kirche	Glaubensverlust		
	Wertewandel		
Friedensfrage	Bürgerkriege		
	Rüstungsexporte		

Aufgaben

- Kennen Sie konkrete Beispiele aus Ihrer Alltagserfahrung?
- Lassen sich diese in das Schema einbringen?
- Welche anderen großen Herausforderungen sind Ihnen wichtig?

An welcher Stelle wir auch immer mit dem Fragen nach dem richtigen Handeln beginnen, wir werden uns über letzte Prinzipien und Grundwerte, Lebensphilosophie und Glaubensüberzeugungen verständigen müssen, denn sie beeinflussen, ja bestimmen entscheidend unser Tun.

Ethischer Fragekreis

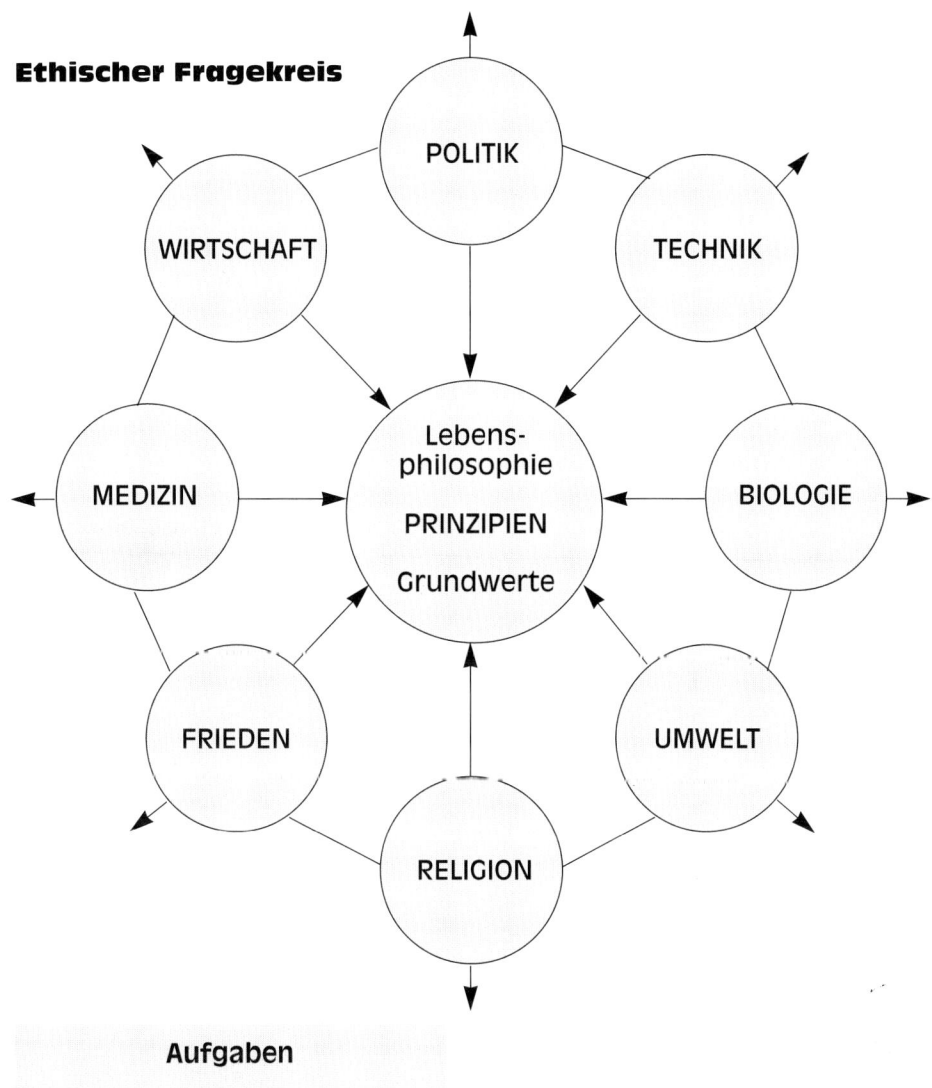

Aufgaben

- Übertragen Sie die Grafik auf eine Wandtafel (Flip-Chart).
- Halten Sie an den äußeren Pfeilen stichwortartig *Fallbeispiele* (ethische Dilemmata) fest.
- Welche *Grundfragen* stecken in den Fallbeispielen?
- Übertragen Sie die gefundenen Begriffe auf die Linien der Innenpfeile.
- Werden schon *letzte Prinzipien* angesprochen? Wenn ja – welche?

Der eine Anspruch und die vielen Ansprüche

Ein fast alltäglicher Fall

Beschwingt startet Abteilungsleiter Wohlgemuth seinen Wagen. Der Tag in der Firma ist lang, aber erfolgreich gewesen.
»Wirklich ein guter Tropfen, den der Chef zum Geschäftsabschluss spendiert hat. Hab' ich zwei oder drei Viertel gekippt? Ist egal – jetzt nach Hause!«
Der vertraute Heimweg bietet auch in der Dunkelheit keine Schwierigkeiten. Der Tacho zeigt 100. In der langgezogenen Rechtskurve kommt einer entgegen.
»Blöder Kerl, blend' endlich ab!«
Herr Wohlgemuth kneift seine Augen zusammen. Ist da vorne rechts nicht ein Schatten? Ein Radfahrer! Im gleichen Augenblick spürt er einen dumpfen Schlag gegen den Wagen. Er will bremsen und anhalten, da überfällt es ihn heiß:
»Du hast getrunken! Du bist Familienvater!«

Es ist vermutlich kaum eine Frage, was Herr Wohlgemuth in einer solchen Situation tun soll. Er soll aussteigen, sich um den Verletzten kümmern, die Polizei und den Krankenwagen rufen. Dennoch befindet sich Herr Wohlgemuth in einem inneren Konflikt. Eine Fülle von Ängsten, von Überlegungen geht ihm in diesem Moment durch den Kopf. Eine Fülle von Ansprüchen tritt an ihn heran.

Fragen

- Welche Ängste und Überlegungen gehen Herrn Wohlgemuth durch den Kopf?
- Welche Ansprüche treten an ihn heran?
- Können diese Ansprüche den Anspruch, Hilfe zu leisten, entkräften?

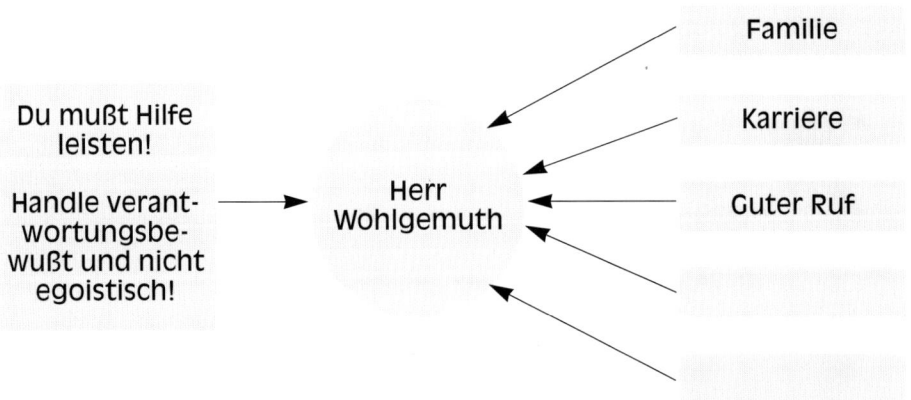

Fragen an uns selbst

- Welche Ansprüche treten in meinem alltäglichen Leben an mich heran?
- Wie empfinde ich diese Ansprüche? Erdrücken sie mich oder bringen sie mich weiter?

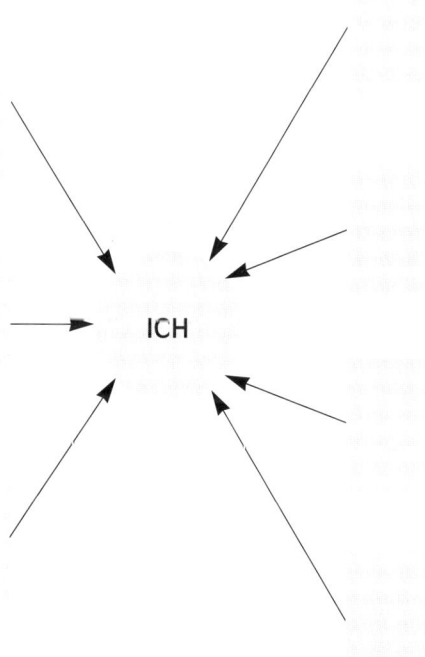

- Auf welche Seite gehört Gottes Anspruch in meinem Leben?
- Gibt es in meinem Leben die Erfahrung eines *unbedingten* Anspruchs?

Ein etwas anderer Fall

Was Herr Wohlgemuth in der geschilderten Situation tun sollte, ist vermutlich kaum eine Frage. Das ethische Problem war hier, wie man das, wovon man weiß, dass es richtig ist, auch tun kann. Dass jedoch nicht alle Situationen so eindeutig sind, macht der folgende Fall klar.

Eine Frau litt an einer speziellen Art von Krebs und war dem Tode nahe. Es gab ein Medikament, von dem die Ärzte annahmen, dass es ihr Leben retten könnte. Ein Pharmazeut, der in derselben Stadt wohnte, hatte es entwickelt. Das Medikament war in seiner Produktion sehr teuer. Heinz, der Ehemann der kranken Frau, ging zu jedem, den er kannte, um Geld zu borgen, aber er brachte nur die Hälfte des Geldes zusammen, das das Medikament kostete. Er erzählte dem Pharmazeuten, dass seine Frau im Sterben liege, und bat ihn, entweder das Medikament billiger zu verkaufen oder es ihn später bezahlen zu lassen. Der Pharmazeut jedoch forderte das Geld sofort, um die fälligen Produktionskosten bezahlen zu können. Heinz war verzweifelt. Er brach in das Geschäft des Pharmazeuten ein, um das Medikament für seine Frau zu stehlen.

Fragen

- Sollte Heinz das Medikament stehlen? Warum?
- Was ist schlimmer, jemanden sterben zu lassen oder zu stehlen? Warum?
- Gibt es für den Ehemann eine ausreichende Begründung für den Diebstahl auch dann, wenn er seine Frau nicht liebt?
- Wäre es ebenso richtig, das Medikament für einen Fremden zu stehlen wie für seine Frau? Warum?
- Heinz stiehlt das Medikament und wird gefasst. Sollte der Richter ihn verurteilen oder sollte er ihn freisprechen? Warum?
- Wenn der Richter vorhat, ihn freizusprechen, was könnten seine Gründe dafür sein?
- Wenn man von der Gesellschaft her denkt: Welches wären die besten Gründe für den Richter:
  a) Heinz zu verurteilen?
  b) Heinz nicht zu verurteilen?

Womit es die Ethik zu tun hat

In allen Entscheidungssituationen unseres Lebens stellt sich immer auch der Anspruch an uns, verantwortlich zu handeln und nicht nur zum eigenen Vorteil und Nutzen. Aber nicht immer ist es so klar, worin verantwortliches Handeln jeweils konkret besteht.

- Ist es etwa vertretbar, einem Menschen, der in wenigen Wochen restlos gelähmt sein wird, aber bei vollem Bewusstsein bleibt, auf dessen drängenden Wunsch hin Sterbehilfe zu leisten?
- Ist es vertretbar, trotz der möglichen Gefahren weiterhin Strom durch Atomkraft zu gewinnen?
- Ist es vertretbar, seine pflegebedürftigen Eltern einem Pflegeheim zu übergeben?
- Ist es vertretbar, die Genforschung weiter zuzulassen?
- Ist es vertretbar, die Straffreiheit eines Schwangerschaftsabbruchs vom Nachweis eines Beratungsscheins abhängig zu machen?

Was also ist in all diesen und vielen anderen Fällen verantwortlicherweise zu tun? Was ist eine richtige und gute Entscheidung?
Genau mit dieser Frage hat es die Ethik zu tun. Auf diese Fragen versucht sie eine Antwort zu finden. Die »christliche Ethik« tut dies dabei aus dem Geist Jesu und auf der Grundlage der Bibel.

Worterklärungen

Ethos/Moral
meint die tatsächlich in einer Gesellschaft gültigen und befolgten Sitten, Gewohnheiten, Bräuche, Konventionen. In diesem Sinne kann man auch vom Ethos eines bestimmten Berufsstands sprechen, etwa vom Ethos des Arztes. Es handelt sich um sozial vermittelte Verhaltensmuster, die sich in der Praxis bewährt haben. In unterschiedlichen Gesellschaften mit unterschiedlicher Kultur kann sich ein unterschiedliches Ethos ausbilden.

Ethik
bezeichnet die wissenschaftliche Reflexion über das Ethos. Sie befragt dieses auf seine wirkliche Gültigkeit: Ist das, was in einer Gesellschaft faktisch getan wird, wirklich gut und gesollt? Diese Frage wird dann wichtig, wenn verschiedene, miteinander konkurrierende Ethosformen aufeinander treffen oder wenn überlieferte Sitten und Verhaltensregeln ihre Plausibilität verlieren. In einer solchen Situation soll die Ethik ermitteln, was verantwortlicherweise zu tun ist, und verbindliche Verhaltensregeln an die Hand geben und begründen.

Von Reichtum und Nachfolge (Matthäus 19,16-26)

Es kam ein Mann zu Jesus und fragte: Meister, was muss ich Gutes tun, um das ewige Leben zu gewinnen? Er antwortete: Was fragst du mich nach dem Guten? Nur einer ist »der Gute«. Wenn du aber das Leben erlangen willst, halte die Gebote! Darauf fragte er ihn: Welche? Jesus antwortete: Du sollst nicht töten, du sollst nicht die Ehe brechen, du sollst nicht stehlen, du sollst nicht falsch aussagen; ehre Vater und Mutter! Und: Du sollst deinen Nächsten lieben wie dich selbst! Der junge Mann erwiderte ihm: Alle diese Gebote habe ich befolgt. Was fehlt mir jetzt noch? Jesus antwortete ihm: Wenn du vollkommen sein willst, geh, verkauf deinen Besitz und gib das Geld den Armen; so wirst du einen bleibenden Schatz im Himmel haben; dann komm und folge mir nach. Als der junge Mann das hörte, ging er traurig weg; denn er hatte ein großes Vermögen. Da sagte Jesus zu seinen Jüngern: Amen, das sage ich euch: Ein Reicher wird nur schwer in das Himmelreich kommen. Nochmals sage ich euch: Eher geht ein Kamel durch ein Nadelöhr, als dass ein Reicher in das Reich Gottes gelangt. Als die Jünger das hörten, erschraken sie sehr und sagten: Wer kann dann noch gerettet werden? Jesus sah sie an und sagte zu ihnen: Für Menschen ist das unmöglich, für Gott aber ist alles möglich

Guido Muer, geb. 1927:
Der reiche Jüngling.
Zeichnung, 1984

Aus einem Brief ...

April 1882

Ich habe diesen Winter eine schwangere Frau kennen gelernt, verlassen von dem Mann, dessen Kind sie im Leibe trug. Eine schwangere Frau, die im Winter auf der Straße herumstreifte und ihr Brot verdienen musste, du weißt schon, wie. Ich habe diese Frau als Modell genommen und den ganzen Winter mit ihr gearbeitet. Ich konnte ihr den vollen Taglohn für ein Modell nicht geben, aber das änderte nichts daran, dass ich ihre Miete bezahlt habe und bisher, Gott sei Dank, sie und ihr Kind vor Hunger und Kälte habe bewahren können, weil ich mein eigenes Brot mit ihr geteilt habe.

In Liebesdingen – da fragte ich mich, ob du auch nur weißt, was eigentlich das ABC ist? Ich meine damit, dass man am besten fühlt, was Liebe ist, wenn man an einem Krankenbett sitzt, manchmal ohne einen Pfennig in der Tasche.

Vincent van Gogh

Laß uns in deinem Namen, Herr

Refrain:

2. Gib uns den Mut, voll Liebe, Herr,
heute die Wahrheit zu leben.

Refrain:

3. Gib uns den Mut, voll Hoffnung, Herr,
heute von vorn zu beginnen.

Refrain:

4. Gib uns den Mut, voll Glauben, Herr,
mit dir zu Menschen zu werden.

T/M: Kurt Rommel;
Rechte: Strube Verlag
München-Berlin

Erich Fromm

Unser ethisches Problem ist die Gleichgültigkeit des Menschen sich selbst gegenüber.

Wir haben den Sinn für die Bedeutung und Einzigartigkeit des Individuums verloren und haben uns zu Werkzeugen für Zwecke gemacht, die außerhalb von uns selbst liegen.

Wir erleben und behandeln uns als Ware und wurden unseren eigenen Kräften entfremdet.

Wir sind zu Dingen geworden, und auch unsere Mitmenschen sind für uns Dinge.

Infolgedessen fühlen wir uns machtlos und verachten uns wegen unserer eigenen Impotenz.

Da wir unseren eigenen Kräften nicht vertrauen, haben wir keinen Glauben an den Menschen, keinen Glauben an uns oder an das, was unsere Kräfte schaffen können.

Wir haben kein Gewissen im humanistischen Sinn, denn wir wagen nicht, uns auf unsere eigene Urteilsfähigkeit zu verlassen.

Wir sind eine Herde: wir glauben, dass der Weg, dem wir folgen, zu einem Ziel führen müsse, weil wir alle anderen denselben Weg gehen sehen.

Wir tasten im Dunkeln und bleiben nur deshalb so mutig, weil wir auch alle anderen pfeifen hören.

Aufgaben

- Stimmen Sie der Analyse von Erich Fromm zu? Wo setzen Sie Fragezeichen? Welche Aussagen würden Sie unterstreichen?
- Formulieren Sie die Kernaussagen des Textes positiv um: (Ich-Form)

Ich bin mir nicht gleichgültig ...
Ich bin einzigartig
Etc.

Bisher

kam auch die Ethik, insofern sie Reflexion über das sittliche Verhalten des Menschen ist, meist zu spät: Zu oft fragte man, was wir dürfen, erst nachdem wir es konnten. Für die Zukunft aber wäre entscheidend: Wir sollten wissen, was wir dürfen, bevor wir es können und machen. Ethik, wiewohl immer zeit- und gesellschaftsbedingt, sollte demnach nicht nur Krisenreflexion sein; wer ständig in den Rückspiegel auf die zurückgelegte Wegstrecke schaut, verpasst den Weg nach vorn. Ethik sollte mittels Krisenprognose, die mit der schlimmeren Möglichkeit rechnet – der Krisenprophylaxe dienen. Führende Ethiker stimmen heute darin überein: Wir brauchen eine Präventivethik. Und diese sollte nicht erst bei der industriellen Produktion einsetzen, sondern schon bei der (in Atomtechnik wie Gentechnik höchst folgenreichen) Experimentation, ja, schon bei der wissenschaftlichen Reflexion, ihren Prioritäten und Präferenzen.

Hans Küng

2. Kapitel
Sagt uns die Bibel, was wir tun sollen?
Die Antwort der Zehn Gebote

Medientipp:

Dokumentarfilm: »Tod auf Verlangen«, 57 Min (F), Niederlande 1994, Mararten Nederhorst [Reg.] (VIDEOFILM)
Der Filmbeitrag ist gut geeignet, den auf Seite (57) beschriebenen Fall zu vertiefen. Dokumentiert wird der Fall einer Sterbehilfe an einem unheilbar an AIDS erkrankten Mann. Die neue Gesetzgebung in den Niederlanden erlaubt es Ärzten, unter strengen Bedingungen, Sterbehilfe zu leisten. Der sensibel gedrehte Film macht die Schwere der Entscheidung für alle Beteiligten deutlich.

Literaturhinweise:

Wolfgang Dietrich: Die Zehn Gebote, Bände 1-8, Eschbach (Verlag am Eschbach) 1994.
Die Inhalte der einzelnen Gebote werden über anregende Bilder und Karikaturen, sowie durch aktuelle und klassische Texte zeit- und erwachsenengemäß vermittelt. Die Reihe umfasst acht handliche Hefte, die auch einzeln bezogen werden können. Für die Hand der Teilnehmer.

Deutscher Erwachsenenkatechismus, Band 2:
Ruf Gottes und Antwort des Menschen im Alten Bund (S. 27-38)
Die Gebote Gottes als Wegweisung zum Leben (S. 149-152)

Zur Einführung

Was sollen wir tun? Welche Orientierung gibt die Bibel für unser Handeln? – Auf diese Frage hin verweisen viele als Erstes auf die Zehn Gebote. Auch Jesus selbst tut das, wenn er auf die Frage des reichen Jünglings: »Meister, was muss ich Gutes tun, um das ewige Leben zu gewinnen?« antwortet: »Was fragst du mich nach dem Guten? Nur einer ist ›der Gute‹. Wenn du aber das Leben erlangen willst, halte die Gebote« (Matthäus 19, 16f).

Auch in der Verkündigung der Kirche werden die Zehn Gebote als Grundgerüst christlichen Handelns vorgestellt: Wir begegnen ihnen schon im Religionsunterricht der Grundschule; in vielen Gebetbüchern erfolgt die Gewissenserforschung am Leitfaden der Zehn Gebote; die meisten Katechismen, so auch der Weltkatechismus und der Deutsche Erwachsenenkatechismus, folgen in der Darstellung des konkreten ethischen Verhaltens der Christen dem Schema der Zehn Gebote.

In der Verkündigung sowie in der christlichen Erziehung haben die Zehn Gebote jedoch oft den Charakter bloßer Gehorsamsforderungen angenommen. Sie wurden manchmal sogar als Druckmittel gebraucht. Für viele katholische Christen sind die Zehn Gebote gefühlsmäßig noch mit dem Beichtspiegel verbunden, mit Verboten, deren Sinn man oft nicht verstanden hat und die auch nicht mehr in unsere heutige Zeit passen. Sie scheinen mit der Freiheit des Menschen, mit der Berufung auf das eigene Gewissen, mit dem Gedanken der Selbstbestimmung nicht vereinbar zu sein.

Wenn wir dagegen in die Bibel blicken, so haben die Gebote Gottes einen ganz anderen Stellenwert. Hier sind sie Wegweisungen für den Menschen, wie er seine Freiheit bewahren kann. Ihre Befolgung stellt die Antwort des Menschen auf die Zuwendung Gottes, auf sein befreiendes Handeln dar. Sie sind nicht Mittel, um Gottes Anerkennung erst zu erwerben, sondern Auswirkung der zuvor erfahrenen Zuwendung Jahwes zu seinem Volk Israel. Deswegen liebt etwa der gläubige Jude die Gebote (die Tora). Er liebt sie als Wort Gottes, das ihn von allen Zwängen dieser Welt und der Gewalt ihrer Machthaber befreit.

Wie können wir die Zehn Gebote wieder für uns als solche Wegweisungen in die Freiheit entdecken? Welche Bedeutung haben solche Grundregeln für unsere Gesellschaft und unser Zusammenleben? Diesen Fragen soll im folgenden Kapitel nachgegangen werden.

Erfahrungen

Leider wurden die Zehn Gebote in der christlichen Glaubensunterweisung allzuoft so vermittelt, als handle es sich dabei um die zehn Plagen.

Verena Lenzen

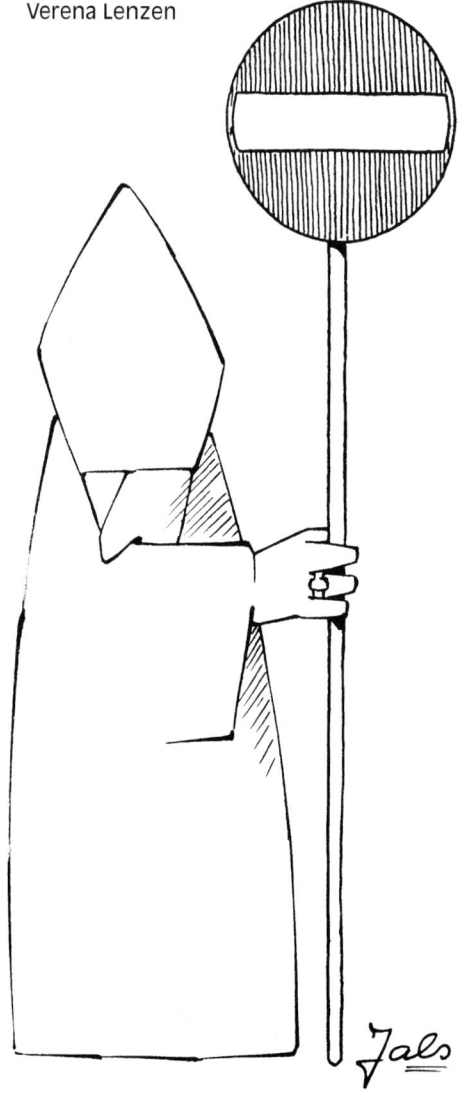

»Du sollst nicht rauben! Du sollst nicht totschlagen!« – solche Worte hieß man einst heilig; vor ihnen beugte man die Knie und Köpfe und zog die Schuhe aus. Aber ich frage euch: wo gab es je bessere Räuber und Totschläger in der Welt, als es solche heiligen Worte waren! Ist in allem Leben selber nicht – Rauben und Totschlagen? Und dass solche Worte heilig hießen, wurde damit die Wahrheit selbst nicht – totgeschlagen?
Oder war es eine Predigt des Todes, dass es heilig hieß, was allem Leben widersprach und widerriet? – O meine Brüder, zerbrecht, zerbrecht mir die alten Tafeln!

Friedrich Nietzsche

»Der Tag wird kommen, wo ich gegen diese Gesetze eine neue Gesetzestafel aufrichten werde. Die Geschichte wird unsere Bewegung als die große Schlacht für die Befreiung der Menschheit vom Fluche des Berges Sinai erkennen ... Wir kämpfen gegen den masochistischen Geist der Selbstquälerei, den Fluch der so genannten Moral, die zum Idol gemacht ist, um die Schwachen vor den Starken zu schützen. Gegen die Zehn Gebote, gegen sie kämpfen wir.«

Adolf Hitler in einem Gespräch mit J. Goebbels

Worauf es ankommt, wenn ER kommt

Refr.: Jetzt ist die Zeit, jetzt ist die Stunde. Heute wird getan, oder auch vertan, worauf es ankommt, wenn ER kommt.

Strophe: Der Herr wird nicht fragen: Was hast du gespart, was hast du alles besessen? Seine Frage wird lauten: Was hast du geschenkt, wen hast du geschätzt um meinetwillen.

2. Der Herr wird nicht fragen:
Was hast du gewußt,
was hast du Gescheites gelernt?
Seine Frage wird lauten:
Was hast du bedacht,
wem hast du genützt
um meinetwillen?

3. Der Herr wird nicht fragen:
Was hast du beherrscht,
was hast du dir unterworfen?
Seine Frage wird lauten:
Wem hast du gedient,
wen hast du umarmt
um meinetwillen?

4. Der Herr wird nicht fragen:
Was hast du bereist,
was hast du dir leisten können?
Seine Frage wird lauten:
Was hast du gewagt,
wen hast du befreit
um meinetwillen?

7. Der Herr wird nicht fragen:
Was hast du gesagt,
was hast du alles versprochen?
Seine Frage wird lauten:
Was hast du getan,
wen hast du geliebt
um meinetwillen?

T: Alois Albrecht;
M: Ludger Edelkötter
Aus: Worauf es ankommt, wenn Er kommt; Alle Rechte im Impulse Musikverlag Ludger Edelkötter, 48317 Drensteinfurt

Als er ein andermal in eine Synagoge ging, saß dort ein Mann, dessen Hand verdorrt war. Und sie gaben Acht, ob Jesus ihn am Sabbat heilen werde; sie suchten nämlich einen Grund zur Anklage gegen ihn. Da sagte er zu dem Mann mit der verdorrten Hand: Steh auf und stell dich in die Mitte! Und zu den anderen sagte er: Was ist am Sabbat erlaubt: Gutes zu tun oder Böses, ein Leben zu retten oder es zu vernichten? Sie aber schwiegen. Und er sah sie der Reihe nach an, voll Zorn und Trauer über ihr verstocktes Herz, und sagte zu dem Mann: Streck deine Hand aus! Er streckte sie aus, und seine Hand war wieder gesund. Da gingen die Pharisäer hinaus und fassten zusammen mit den Anhängern des Herodes den Beschluss, Jesus umzubringen. *(Markus 3, 1-6)*

Was sind denn überhaupt »Gebote«? Sind es Gesetze? Ziehen sie eine Strafe nach sich für den, der ihnen entgegenhandelt? Sind es Lebensordnungen, die sich in aller Stille durchsetzen dem gegenüber, der sie missachtet? Sind es Lebensregeln, die kluge Menschen aufgestellt haben? Im Alten Testament sind es Spielregeln, die in einem »Bund« gelten. Gott hat mit seinem Volk einen »Bund« geschlossen, – wer aber diesem Bund angehören will, hält auch die Spielregeln ein, die der Bund verlangt.

Jörg Zink

Es ist gut zu tun, was in den zehn Geboten steht.
Aber nicht alles, was gut zu tun ist, steht in den zehn Geboten.

Ex 20,1-17
Exodus

Dt 5,6-21
Deuteronomium

Ich bin Jahwe, dein Gott, der ich dich herausgeführt habe aus dem Lande Ägypten, aus dem Sklavenhaus.
Du sollst keine anderen Götter haben mir zum Trotz.
Du sollst dir kein Bild machen
und keinerlei Gestalt: weder was im Himmel oben noch was unten auf Erden, noch was in den Wassern unter der Erde ist.
Du sollst vor ihnen nicht niederfallen und ihnen nicht dienen.
Denn ich bin Jahwe, dein Gott, ein leidenschaftlicher Gott, der die Schuld der Väter an Kindern (und) Enkeln und Urenkeln heimsucht bei denen, die mich hassen, aber Treue übt an Tausenden bei denen, die mich lieben und meine (seine) Gebote halten.
Du sollst den Namen Jahwes, deines Gottes, nicht zu Nichtigem machen.
Denn nicht wird ungestraft lassen Jahwe den, der seinen Namen zu Nichtigem macht.

Denke an den   *Halte den*
Sabbattag, ihn zu heiligen,
wie Jahwe, dein Gott, dir geboten hat,

Sechs Tage sollst du arbeiten und all dein Werk tun; aber der siebte Tag ist Sabbat für Jahwe, deinen Gott. Du sollst keinerlei Werk tun, du und dein Sohn und deine Tochter und dein Sklave und deine Sklavin und dein (Ochs und dein Esel und all dein) Vieh und der Fremdling, der in deinen Toren ist

denn sechs Tage lang hat Jahwe gemacht   *damit ruhen deine Sklavin und dein Sklave wie du.*
den Himmel und die Erde und das Meer   *Und gedenke, dass du Sklave gewesen bist im*
und alles, was in ihnen ist, und er ruhte   *Lande Ägypten, und dich herausgeführt hat*
am siebten Tag. Darum hat Jahwe den   *Jahwe, dein Gott, von dort mit starker Hand und*
Sabbattag gesegnet und ihn geheiligt.   *ausgestrecktem Arm. Darum hat dir geboten*
                                                           Jahwe, dein Gott, den Sabbattag zu machen.

Ehre deinen Vater und deine Mutter,
wie Jahwe, dein Gott, dir geboten hat,
damit deine Tage lang seien
und damit es dir wohl ergehe
auf der Ackererde, die Jahwe, dein Gott, dir geben wird.
Du sollst nicht töten.
(Und) du sollst nicht ehebrechen.
(Und) du sollst nicht stehlen.
(Und) du sollst nicht aussagen gegen deinen Nächsten

als Lügenzeuge   *als falscher Zeuge*
(Und) du sollst nicht begehren

das Haus deines Nächsten.   *die Frau deines Nächsten.*
Du sollst nicht begehren die Frau deines Nächsten   *Und du sollst nicht trachten nach dem*
und seinen Sklaven und seine Sklavin und seinen   *Haus deines Nächsten, seinem Feld*
Esel und alles,   *und seinem Sklaven und seiner Sklavin*
was deinem Nächsten gehört.   *und einem Ochsen und seinem Esel und allem,*
                                                              was deinem Nächsten gehört.

Die Entstehungs- und Wirkungsgeschichte des Dekalogs ...

Entstehung

Das Zehnwort (= deka logoi, daher das griechische Fremdwort Dekalog) gilt auch heute noch als ein Urbild allgemeiner Menschheitsethik. Diese einzigartige Stellung entspricht jedoch nicht der Bedeutung innerhalb des Alten (»Ersten«) Testaments. Der Dekalog wurde relativ spät in der Glaubensgeschichte Israels zusammengestellt und zählte zunächst nicht zum Urbestand der alten Erzählüberlieferungen. Der modernen Literarforschung sind ältere Gesetzesreihen bekannt. Herkunftmäßig offenbaren sich die beiden uns überlieferten Textstellen der Zehn Gebote (Exodus 20,2-17 und Deuteronomium 5,6-21) als lange gewachsene Mischgebilde aus verschiedenartigen Elementen. Bibelwissenschaftler schlagen als Zeitraum für die Entstehung das 8. bis 6. Jahrhundert v. Chr. als Datierung vor. Soweit es sich heute rekonstruieren lässt, entstand der Dekalog aus verschiedenen kleinen Verbotsreihen und Rechtssätzen, die zu einem Grundtext (Deuteronomium 5,6-8a.9b.10a.17.21) komponiert wurden. Das Namenverbot, das Sabbat- und Elterngebot sind ebenso wie die Zweitafelvorstellung spätere Hinzufügungen. Auch das Arrangement des Dekalogs, der zunächst recht »unterbewertet« im Deuteronomium stand, wurde in späteren Fassungen verändert. Der Dekalog rückte nach vorne an den Anfang aller Gesetze.

Aspekte zur Auslegung

Nicht nur die Entwicklungsstufen des Dekalogs sind heute für die theologische Deutung interessant, andere spezifische Fragestellungen bedürfen der Klärung:
- Die nähere Betrachtung des Zehnworts macht sehr schnell deutlich, dass der Kreis der angesprochenen Personen ursprünglich eng eingegrenzt war. Der Dekalog galt nicht, wie oft vermutet und gelehrt, Kindern, vielmehr zunächst nur rechts- und kultfähigen Männern eines bestimmten Standes in Israel.
- Um den Dekalog zu verstehen, ist die Kenntnis alter orientalischer Rechtstraditionen von nicht geringer Bedeutung. Israel kannte viele Rechtssätze, die Ursachen und Folgen einer Handlung genau umschrieben (kasuistisches Recht). Auch poetisch-kurze Gebots- und Verbotsformulierungen (apodiktisches Recht) sind dem Rechtsdenken Israels eigentümlich. Am meisten bekannt dürfte das »Talionsrecht« sein, ein Ausgleichsrecht, wo die Regel fordert, Gleiches mit Gleichem zu vergelten.
- An Stelle der Einordnung in eigentümliches Rechtsdenken erscheint es sinnvoller, die Zehn Gebote vom Gottesverständnis her zu begreifen. Ein bis dahin unbekannter Gott macht sich namhaft und damit erkennbar. Sein Wesen ist es, in die Freiheit zu führen: Es erscheint mehr als zufällig, dass sich im hebräischen Text die Gebote sowohl als »Du sollst« wie auch als »Du wirst« übersetzen lassen. Durch das »Du wirst« appelliert der sich um die Freiheit sorgende Gott an die Würde und Selbstachtung des Menschen. So lassen sich die Sätze des Dekalogs nicht als Auflistung von Befehlen, vielmehr als Aussagesätze Gottes verstehen.

Der Dekalog Menschheitserfahrung oder Wort Gottes?

Der Dekalog als Menschheitserfahrung

Die Zehn Gebote sind – zumindest in den Teilen, die das menschliche Zusammenleben betreffen – Ergebnis langer und allgemeiner Menschheitserfahrungen. Die Grundregeln der menschlichen Gemeinschaft, die hier genannt werden, finden sich auch in anderen Kulturen. Wir treffen auf sie nicht nur in Israel und im Alten Testament, sondern auch im Bereich der Umwelt, in der Israel gelebt hat. Sie wurden von dort übernommen und in das Alte Testament eingefügt.

Überall dort, wo Menschen zusammenleben, machen sie die Erfahrung, dass sinnvolles und geglücktes Zusammenleben nur dann möglich ist, wenn solche Grundregeln beachtet werden: Wenn sich die verschiedenen Generationen respektieren, wenn man das Leben und das Eigentum der anderen achtet, wenn man die Gemeinschaft von Mann und Frau schützt und nicht verletzt, wenn Vertrauen unter den Menschen herrscht und man sich auf das Wort der anderen verlassen kann. Die 2. Tafel der Zehn Gebote will in grundlegender Weise davor schützen, dass diese Fundamente menschlicher Gemeinschaft zerstört werden.

Dass diese Regeln auf menschlicher Erfahrung beruhen und auch in anderen Kulturen vorkommen, schmälert ihre Verbindlichkeit nicht. Sie werden dadurch in ihrer Gültigkeit nicht relativiert. Denn keine Gemeinschaft, egal aus welchem kulturellen Bereich oder aus welcher geschichtlichen Epoche, kann Bestand haben, wenn sie sich nicht an diese Grundregeln hält. Im Gegenteil: Diese Gebote und Verbote werden, gerade weil sie allgemeine Erfahrung sind, auf eine feste Grundlage gestellt. Ihr Sinn und der Grund ihrer Gültigkeit werden einsichtig.

Dies gilt auch, obwohl zugleich die konkrete Anwendung der Verbote für die jeweilige Kultur und für die jeweilige Zeit immer auch noch einmal neue Regelungen und Einzelbestimmungen enthalten kann.

Der Dekalog als Wort Gottes

In der Darstellung des Alten Testaments sind die Zehn Gebote von Gott unmittelbar dem Mose übergeben worden. Was ist mit dieser Darstellung gesagt, wenn sie doch zugleich Ergebnis allgemeiner Menschheitserfahrung sind?

Im Alten Testament werden die Grundregeln menschlichen Zusammenlebens in den Glauben an Jahwe und die geschichtliche Erfahrung des Auszugs aus Ägypten eingebunden. Jahwe wird als ein Gott erfahren, der befreit. So heißt es im Vorspruch zum Dekalog: »Ich bin Jahwe, dein Gott, *der ich dich herausgeführt habe aus dem Land Ägypten, aus dem Sklavenhaus.*« Vor der Erzählung von der Übergabe der Dekalogtafeln steht also die Erfahrung der Befreiung. Dann bedeutet die Übergabe der Zehn Gebote durch Gott nicht die Auferlegung eines wieder unfrei machenden Zwangs, sondern eine Wegweisung, wie Israel in der geschenkten Freiheit auf Dauer bestehen kann.

Dazu gehört vor allem, dass sich die Menschen nicht wieder an andere Mächte (Gewalt, Reichtum, politische Macht) binden, auch wenn das oft viel bequemer und vorteilhafter erscheint. Die Erzählung vom »Goldenen Kalb« will gerade dies deutlich machen: Das Leben der Menschen wird nur dann frei von Fremdbestimmung bleiben, wenn sie sich allein an Jahwe und an sonst keine Macht der Welt binden. Nur dann werden sie sich auch unter einander achten und nicht etwa um der eigenen Macht oder des Reichtums willen anderen Gewalt antun.

So erhalten die Grundregeln menschlichen Zusammenlebens eine religiöse Begründung. Die Bindung an Gott macht frei für wahrhaft menschliche Zuwendung zu und Achtung vor den anderen Menschen. Dass die Zehn Gebote Wort Gottes sind, bedeutet also gerade nicht, dass sie irgendwelche Anordnungen sind, um den Gehorsam der Menschen zu prüfen. Die Zehn Gebote sind Wort Gottes, weil sie den Weg zeigen, wie wir in der von Gott geschenkten Freiheit bleiben und wachsen können. Sie sind Wort Gottes, weil es Gott selbst um geglückte Gemeinschaft unter den Menschen geht.

Wie lieb ist mir deine Weisung

Herr, dein Wort bleibt auf ewig, es steht fest wie der Himmel.
Deine Treue währt von Geschlecht zu Geschlecht; du hast die Erde gegründet, sie bleibt bestehen.
Nach deiner Ordnung besteht sie bis heute, und dir ist alles dienstbar.
Wäre nicht dein Gesetz meine Freude, ich wäre zugrunde gegangen in meinem Elend.
Nie will ich deine Befehle vergessen; denn durch sie schenkst du mir Leben.
Ich bin dein, errette mich! Ich frage nach deinen Befehlen.
Frevler lauern mir auf, um mich zu vernichten; doch mein Sinn achtet auf das, was du gebietest.
Ich sah, dass alles Vollkommene Grenzen hat; doch dein Gebot kennt keine Schranken.

Wie lieb ist mir deine Weisung; ich sinne über sie nach den ganzen Tag.
Dein Gebot macht mich weiser als all meine Feinde; denn immer ist es mir nahe.
Ich wurde klüger als all meine Lehrer; denn über deine Vorschriften sinne ich nach.
Mehr Einsicht habe ich als die Alten; denn ich beachte deine Befehle.
Von jedem bösen Weg halte ich meinen Fuß zurück; denn ich will dein Wort befolgen.
Ich weiche nicht ab von deinen Entscheiden, du hast mich ja selbst unterwiesen.
Wie köstlich ist für meinen Gaumen deine Verheißung, süßer als Honig für meinen Mund.
Aus deinen Befehlen gewinne ich Einsicht, darum hasse ich alle Pfade der Lüge.

Dein Wort ist meinem Fuß eine Leuchte, ein Licht für meine Pfade.
Ich tat einen Schwur, und ich will ihn halten: Ich will deinen gerechten Entscheidungen folgen.
Herr, ganz tief bin ich gebeugt. Durch dein Wort belebe mich!
Herr, nimm mein Lobopfer gnädig an, und lehre mich deine Entscheide!
Mein Leben ist ständig in Gefahr, doch ich vergesse nie deine Weisung.
Frevler legen mir Schlingen, aber ich irre nicht ab von deinen Befehlen.
Deine Vorschriften sind auf ewig mein Erbteil; denn sie sind die Freude meines Herzens.
Mein Herz ist bereit, dein Gesetz zu erfüllen bis ans Ende und ewig.

Psalm 119, 89-112

Als das Volk sah, dass Mose noch immer nicht vom Berg herabkam, versammelte es sich um Aaron und sagte zu ihm: Komm, mach uns Götter, die vor uns herziehen. Denn dieser Mose, der Mann, der uns aus Ägypten heraufgebracht hat – wir wissen nicht, was mit ihm geschehen ist. Aaron antwortete: Nehmt euren Frauen, Söhnen und Töchtern die goldenen Ringe ab, die sie an den Ohren tragen, und bringt sie her! Da nahm das ganze Volk die goldenen Ohrringe ab und brachte sie zu Aaron. Er nahm sie von ihnen entgegen, zeichnete mit einem Griffel eine Skizze und goss danach ein Kalb. Da sagten sie: Das sind deine Götter, Israel, die dich aus Ägypten heraufgeführt haben. Als Aaron das sah, baute er vor dem Kalb einen Altar und rief aus: Morgen ist ein Fest zur Ehre des Herrn. Am folgenden Morgen standen sie zeitig auf, brachten Brandopfer dar und führten Tiere für das Heilsopfer herbei. Das Volk setzte sich zum Essen und Trinken und stand auf, um sich zu vergnügen.

Exodus 32, 1-6

Gebote einmal anders

10 Ermutigungen zum Leben

1. Du bist frei:
Lass dich von niemandem zum Sklaven machen und unterdrücke keinen Menschen. Vertraue denen, die alltägliche Zwänge überwinden. Du gehörst zu ihnen.

2. Du bist mein Ebenbild:
Deshalb brauchst du dich nicht selbst darzustellen: weder in gewaltigen Werken, noch durch mächtige Taten. Lass dich nicht zum Instrument irgendeines Größenwahns machen. Huldige keinem Führer, diene keiner fixen Idee und sei unbesorgt um dein Image: Du bist und bleibst unverwechselbar für mich.

3. Du hast mein Vertrauen:
Denn du wirst mich nicht einspannen für eigennützige Ziele. Aber misstraue denen, die im Namen der Liebe Hass predigen, Gewalt rechtfertigen und dir so deine Freiheit rauben wollen.

4. Du hast Zeit:
Lass dir den Tag nicht nehmen, an dem du das Leben genießt und deine Arbeit ruht. Sei fröhlich an diesem Tag, an dem du einfach da bist, ohne etwas dafür zu tun.

5. Du bist mündig:
Trenne dich von Menschen, die dich bevormunden wollen und wende dich in Freiheit denen zu, die Verantwortung für dich getragen haben: Auch du willst in Würde alt werden.

6. Du bist unersetzbar:
Was du auch immer tust – niemand hat das Recht, dein Leben einzufordern, es zu zerstören oder auch nur für irgendwelche Ziele aufs Spiel zu setzen.

7. Du kannst lieben:
Du bist es wert, geliebt zu werden. Sei behutsam in deiner Partnerschaft, denn Liebe macht doppelt verletzbar.

8. Du hast Bedürfnisse:
Was du zum Leben brauchst, das darf dir niemand wegnehmen oder vorenthalten. Was du hast, wirst du teilen, wenn andere Not haben.

9. Du bist wahrhaftig:
Also mach dir selbst und anderen nichts vor. Richte dich nicht ein mit irgendeiner Lüge, sondern steh zu dem, was für dich wahr ist.

10. Du hast Wünsche:
Erzwinge sie nicht. Du zerstörst sie sonst. Lass das, was andere erreicht haben, nicht zum Maßstab deines Glückes werden. Nimm deine eigenen Gaben wahr und gehe freizügig damit um.

Zehn Gebote für den Umgang mit Kindern

1. **Du sollst** Kinder achten wie dich selbst.

2. **Du sollst** einem Kind nicht vorenthalten, was dir wichtig ist: nützliche Arbeit, Verantwortung, Verfügung über ein Eigentum, über die Einteilung der Zeit, über die Wahl der Freunde.

3. Du sollst ein Kind nichts lehren, woran dir selber nichts liegt, du sollst es nicht langweilen.

4. **Du sollst** nichts für ein Kind tun, ohne es zu fragen, auch wenn es weder deine Fürsorge noch deine Frage versteht – es ist gut, wenn du diese Gewohnheit hast.

5. **Du sollst** nicht wegsehen, es soll dir nicht gleichgültig sein, wenn ein Kind etwas Falsches tut, Unwahrheiten, Torheiten, Grausamkeiten begeht.

6. **Du sollst** eines Kindes Liebe und Vertrauen nicht zurückweisen – so wenig wie seine Trauer, seine Angst, seine Neugier, seine Phantasie.

7. **Du sollst** ein Kind nicht anders »machen« wollen, als es ist – aber du sollst ihm helfen, anders zu werden, wenn es das will. Du sollst vor allem nicht machen, dass es will.

8. **Du sollst**, wie du den Zehnten für die Kirche gibst, in dieser Welt einen zweiten Zehnten für die Kinder geben – die fernen wie die nahen, die dies brauchen.

9. **Du sollst** an der Welt arbeiten, so dass du sie ohne Scham den Kindern übergeben kannst.

10. **Du sollst** nicht Kinder haben, wenn du dir nicht vorzustellen vermagst, dass sie ein würdiges Leben in ihrer Zeit führen können.

Hartmut von Hentig

Gott will, dass wir ihm allein vertrauen und uns nicht an Mächte binden, die uns von ihm trennen.
Gott will, dass wir seinen Namen anrufen und ihn nicht missbrauchen.
Gott will, dass wir in der Anbetung und im Ausruhen ihm und seiner Schöpfung nahe sind.
Gott will, dass wir die Menschen ehren, die uns Leben, Gemeinschaft und Glauben geben.
Gott will, dass wir das Leben schützen und Leid abwenden.
Gott will, dass wir in Liebe und Ehe Treue wahren.
Gott will, dass wir die Freiheit des Menschen achten und uns für Gerechtigkeit in der Welt einsetzen.
Gott will, dass wir zur Wahrheit stehen und niemandem durch Lügen Schaden zufügen.

(Katholischer Erwachsenenkatechismus, Bd. II, 1995)

Aufgabe

Meine zehn Gebote ...
- Erstellen Sie eigene Formulierungen.

Die Zehn Gebote: Gibt es Ausnahmen?

Anregung zur Diskussion

Ein erster Fall: Wahrheit um jeden Preis?

In seiner »Ethik« berichtet Dietrich Bonhoeffer folgenden Vorfall:

»Ein Kind wird von seinem Lehrer vor der Klasse gefragt, ob es wahr sei, dass sein Vater oft betrunken nach Hause komme? Es ist wahr, aber das Kind verneint es.«

Bonhoeffer kommentiert diese Szene weiter so:
»Es ist durch die Frage des Lehrers in eine Situation gebracht, der es noch nicht gewachsen ist. Es empfindet nur, dass hier ein unberechtigter Einbruch in die Ordnung der Familie erfolgt, den es abwehren muss. Was in der Familie vorgeht, gehört nicht vor die Ohren der Schulklasse. Die Familie hat ihr eigenes Geheimnis, das sie zu wahren hat. Der Lehrer hat die Wirklichkeit dieser Ordnung missachtet. Das Kind müsste nun in seiner Antwort einen Weg finden, auf dem die Ordnung der Familie und der Schule in gleicher Weise gewahrt bliebe. Es kann das noch nicht, es fehlt ihm die Erfahrung, die Erkenntnis und die Fähigkeit des rechten Ausdrucks. Indem es die Frage des Lehrers einfach verneint, wird die Antwort zwar unwahr, aber sie gibt doch zugleich der Wahrheit Ausdruck, dass die Familie eine Ordnung sui generis ist, in die der Lehrer nicht berechtigt war, einzudringen. Man kann nun zwar die Antwort des Kindes eine Lüge nennen; trotzdem enthält diese Lüge mehr Wahrheit, d.h. sie ist der Wirklichkeit gemäßer, als wenn das Kind die Schwäche seines Vaters vor der Schulklasse preisgegeben hätte.«

Fragen

- Welchen Wert will das Verbot »Du sollst nicht lügen!« schützen? Wer verletzt in Bonhoeffers Beispiel diesen Wert?
- Ist das Verhalten des Kindes Ihrer Meinung nach erlaubt oder nur als Ausnahme mit schlechtem Gewissen hinzunehmen?

Vgl.:
Deutscher Erwachsenenkatechismus, Bd. II, 445-448.

Ein zweiter Fall: Töten aus Mitleid?

Ein 55-jähriger Mann bemerkt zunächst Schwierigkeiten beim Unterschreiben. Nach einigen Wochen fallen ihm zusehends häufiger Gegenstände aus der Hand. Im Verlauf der nächsten Monate treten Muskelschwund und Kraftlosigkeit an beiden Händen sowie ein Muskelzittern in Oberarmen, Stamm und an den Oberschenkeln auf. Die Untersuchung in der Klinik zeigt eine Schädigung der willkürlichen motorischen Nerven. Unwillkürliche motorische Nerven (z.B. für Herz und Verdauungstrakt) sind nicht betroffen, wie auch das übrige Nervensystem intakt ist. Der Patient wurde aufgeklärt, dass die Muskelschwäche weiter fortschreiten würde und dass es keine Medikamente dagegen gibt.

Ein Jahr später ist die Krankheit so weit fortgeschritten, dass der Patient aus einem Krankenhaus intubiert und künstlich beatmet auf eine Intensivstation gebracht werden muss. Er ist seit drei Monaten gehunfähig und hat in letzter Zeit Schwierigkeiten beim Sprechen und Schlucken gehabt. Die Aufnahme ins Krankenhaus war aufgrund einer akuten Ateminsuffizienz erfolgt. Der Patient kann sich nun nur noch mit Hilfe einer Alphabet-Tafel verständlich machen. Nach drei Wochen kann der Patient aus der Intensivstation entlassen werden, nachdem zu Hause die Voraussetzungen für eine Heimbeatmung geschaffen wurden. Er wird rund um die Uhr von der Ehefrau und professionellen Pflegekräften gepflegt.

Nach etwa drei Monaten werden die Ärzte der Klinik von der Ehefrau unterrichtet, dass der Patient nur noch minimale Bewegungen mit dem linken Arm ausführen könne und er ihr mit Hilfe der Alphabet-Tafel in den letzten Tagen mehrfach den Wunsch nach Abschalten des Atemgeräts mitgeteilt habe. In ihrer Not bittet die Ehefrau die Ärzte, diesem Wunsch zu entsprechen und die Beatmungsmaschine abzustellen, zugleich aber dafür zu sorgen, dass ihr Mann keinen qualvollen Erstickungstod erleidet.

Fragen

- Sollte man Ihrer Meinung nach in solchen Extremfällen auch aktive Sterbehilfe rechtlich erlauben oder nicht? Warum? Warum nicht?
- Wie beurteilen Sie das Argument, in einem solchen Fall müsse man sich vom menschlichen Mitleid und nicht vom Gesetzbuch leiten lassen?

Vgl. auch:
Deutscher Erwachsenenkatechismus Bd. II, 306-313.
Erklärung der Kongregation für die Glaubenslehre zur Euthanasie.
Gott ist ein Freund des Lebens, 105-110.

Marc Chagall, geb. 1887: Mose empfängt die Gesetzestafeln, Tuschzeichnung

Chagalls Darstellung der biblischen Szene, in der Mose die Gesetzestafeln empfängt, überrascht. Wir sind gewohnt, uns Mose oben auf dem Berg vorzustellen, weit über dem Volk Israel stehend, in unerreichbarer Höhe, mit Gott allein. Von dort – so sind wir es gewohnt – kehrt er zurück, um dem Volk Gottes Weisung zu verkünden und es so zu belehren.

Auf Chagalls Bild dagegen ist alles anders. Mose steht am Fuß des Berges, nicht auf dem Gipfel. Er steht mit dem Volk auf einer Ebene. Gewiss, er ist größer dargestellt und herausgehoben, weil er als Repräsentant seines Volkes die Tafeln empfängt. Aber Mose ist nicht als Vermittlungsinstanz zwischen Gott und seinem Volk gesehen. Im Gegenteil: Gott kommt dem Mose von der Seite des Volkes her entgegen. Und umgekehrt neigt sich Mose dem Volk zu und empfängt dabei von Gott dessen kostbare Weisung.

3. Kapitel
Zeigt uns Jesus einen neuen Weg?
Die Forderungen der Bergpredigt

Medientipp:

Trick-/Collagefilm »Taubenflug«, BRD 1986 (VIDEOFILM)
Mit teilweise drastischen Trickszenen appelliert diese Collage für den Frieden. Taube und Taubenflug werden symbolisch für die Friedenssehnsucht des Menschen gezeigt.

Literaturhinweise:

Pinchas Lapide: Wie liebt man seine Feinde? Mit einer Neuübersetzung der Bergpredigt (Mt 5-7) unter Berücksichtigung der rabbinischen Lehrmethoden und der jüdischen Muttersprache Jesu, Mainz (Matthias-Grünewald) 7. Aufl. 1992. (Interessant ist auch die gleichnamige Tonkassette aus dem Jahr 1995, Laufzeit 50 Minuten, gesprochen vom Verfasser)

Deutscher Erwachsenenkatechismus, Band 2: Heilsverkündigung und sittliche Botschaft im Neuen Bund (S. 38-51)
Am größten ist die Liebe – Bleiben in der Liebe (S. 471-477)

Zur Einführung

Die Bergpredigt gehört zu denjenigen Abschnitten des Neuen Testaments, in denen die besondere, eigentümliche Ethik Jesu greifbar wird. Dass Jesus – in der Darstellung des Matthäus-Evangeliums – zu dieser Rede auf einen Berg steigt, ist sicher nicht zufällig, sondern eine vom Evangelisten bewusst gewählte Szenerie. Die Verkündigung soll mit der Übergabe der Zehn Gebote an Mose auf dem Berg Horeb parallelisiert werden. Jesus – so wird damit deutlich – verkündet das »Neue Gesetz«. Am deutlichsten wird diese Gegenüberstellung in den so genannten »Antithesen« der Bergpredigt.

Der Eindruck, den viele mit der Ethik der Bergpredigt verbinden, ist oft bestimmt von der Radikalität der Forderungen Jesu: Das Gebot der Feindesliebe, die Forderung des vollständigen Gewaltverzichts, der Rat, sich ein Auge auszureißen oder eine Hand abzuhacken, wenn sie einen zu Unrecht verführen, die Verurteilung bereits des begehrenden Blicks – all dies sprengt menschliche Vorstellungskraft und übertrifft auch die Anforderungen der alttestamentlichen Gebote bei weitem.

Gerade wegen dieser Radikalität aber bleibt das Urteil über die Ethik Jesu ambivalent. Gewiss wird hier ein überzeugendes Ideal menschlichen Zusammenlebens entworfen. Aber bleiben diese Forderungen nicht illusorisch? Lassen sie sich in einer Welt, die von Unrecht, Gewalt, Egoismus bestimmt ist, überhaupt umsetzen? Führt nicht etwa der radikale Gewaltverzicht dazu, dass die Gewalt der anderen gefördert wird? Ist es – gerade aus Verantwortung heraus – nicht notwendig, sich auf die Gesetze dieser Welt einzulassen, anstatt schwärmerisch einem schönen aber aussichtslosen Ideal nachzujagen?

Andererseits können wir fragen, ob sich der Kreislauf von Gewalt und Gegengewalt, von Hass und Neid, von Angst und Suche nach dem eigenen Vorteil, je anders durchbrechen lässt? Ist es nicht notwendig, dass einer aussteigt und auf »sein gutes Recht« verzichtet? Ist es nicht notwendig, dass einer mit dem Frieden beginnt, selbst auf die Gefahr hin, ausgenutzt zu werden und der Dumme zu sein?

Das folgende Kapitel möchte zu diesen Fragen und den Schwierigkeiten, die auch viele Christen mit der Bergpredigt haben, einige Hinweise und Anregungen zum Nachdenken geben.

Auge um Auge – Zahn um Zahn

Brich mit den Hungrigen dein Brot

T: Friedrich Karl Barth; M: Peter Janssens. Aus: Unkraut Leben, 1977. Alle Rechte im Peter Janssens Musik Verlag, Telgte-Westfalen

2. Such mit den Fertigen ein Ziel, brich mit den Hungrigen dein Brot, sprich mit den Sprachlosen ein Wort, sing mit den Traurigen ein Lied.

3. Teil mit den Einsamen dein Haus, such mit den Fertigen ein Ziel, brich mit den Hungrigen dein Brot, sprich mit den Sprachlosen ein Wort.

4. Sing mit den Traurigen ein Lied, teil mit den Einsamen dein Haus, such mit den Fertigen ein Ziel, brich mit den Hungrigen dein Brot.

5. Sprich mit den Sprachlosen ein Wort, sing mit den Traurigen ein Lied, teil mit den Einsamen dein Haus, such mit den Fertigen ein Ziel.

Selig, die über sich selbst lachen können, denn sie werden immer genug Unterhaltung haben.

Selig, die einen Berg von einem Maulwurfshügel unterscheiden können, denn es wird ihnen eine Menge Ärger erspart bleiben.

Selig, die fähig sind, sich auszuruhen und zu schlafen, ohne dafür Entschuldigungen zu suchen, denn sie werden weise werden.

Selig, die schweigen und zuhören können, denn sie werden dabei etwas lernen.

Selig die, die intelligent genug sind, um sich selbst nicht zu ernst zu nehmen, denn sie werden von ihrer Umgebung geschätzt werden.

Selig die, die aufmerksam sind für den Anruf der anderen, ohne sich jedoch für unersetzlich zu halten, denn sie werden Freude säen.

Selig seid ihr, wenn ihr versteht, die kleinen Dinge ernst und die ernsten Dinge ruhig anzusehen, denn ihr werdet im Leben weit kommen.

Selig seid ihr, wenn ihr lächeln könnt und kein böses Gesicht macht, denn euer Weg wird sonnenbeschienen sein.

Selig seid ihr, wenn ihr fähig seid, das Verhalten der anderen immer mit Wohlwollen zu interpretieren, auch wenn der Anschein dagegen spricht. Ihr werdet zwar für naiv gehalten werden, aber das ist der Preis der Liebe.

Selig, die denken, bevor sie handeln, und beten, denn sie werden eine Menge Dummheiten vermeiden.

Selig seid ihr, wenn ihr schweigen und lächeln könnt, auch wenn man euch das Wort abschneidet, euch widerspricht oder auf Zehen tritt, denn das Evangelium fängt an, euer Herz zu durchdringen.

Selig seid vor allem ihr, die ihr den Herrn in all denen erkennen könnt, die euch begegnen, denn ihr werdet das wahre Licht und die Weisheit besitzen.

(aus einem Pfarrbrief)

Die Antithesen der Bergpredigt

(Matthäus 5, 17-48)

In den Antithesen gibt Jesus kein neues Gesetz, das genau so in jedem Fall zu erfüllen wäre, sondern er gibt Beispiele, wie man die Gebote so erfüllen kann, dass ihr ursprünglicher Sinn wieder zur Geltung kommt. Dann aber können wir die Reihe der Beispiele fortschreiben.

Weitere Beispiele:

Denkt nicht, ich sei gekommen, um das Gesetz und die Propheten aufzuheben. Ich bin nicht gekommen, um aufzuheben, sondern um zu erfüllen. Amen, das sage ich euch: Bis Himmel und Erde vergehen, wird auch nicht der kleinste Buchstabe des Gesetzes vergehen, bevor nicht alles geschehen ist. Wer aber auch nur eines von den kleinsten Geboten aufhebt und die Menschen entsprechend lehrt, der wird im Himmelreich der Kleinste sein. Wer sie aber hält und halten lehrt, der wird groß sein im Himmelreich. Darum sage ich euch: Wenn eure Gerechtigkeit nicht weit größer ist als die der Schriftgelehrten und Pharisäer, werdet ihr nicht in das Himmelreich kommen.

Ihr habt gehört, dass zu den Alten gesagt worden ist: Du sollst nicht töten; wer aber jemand tötet, soll dem Gericht verfallen sein.

Ich aber sage euch: Jeder, der seinem Bruder auch nur zürnt, soll dem Gericht verfallen sein; und wer zu seinem Bruder sagt: du Dummkopf!, soll dem Spruch des Hohen Rates verfallen sein; wer aber zu ihm sagt: Du (gottloser) Narr!, soll dem Feuer der Hölle verfallen sein.
Wenn du deine Opfergabe zum Altar bringst und dir dabei einfällt, dass dein Bruder etwas

gegen dich hat, so lass deine Gabe dort vor dem Altar liegen; geh und versöhne dich zuerst mit deinem Bruder, dann komm und opfere deine Gabe.
Schließ ohne Zögern Frieden mit deinem Gegner, solange du mit ihm noch auf dem Weg zum Gericht bist. Sonst wird dich dein Gegner vor den Richter bringen, und der Richter wird dich dem Gerichtsdiener übergeben, und du wirst ins Gefängnis geworfen. Amen, das sage ich dir: Du kommst von dort nicht heraus, bis du den letzten Pfennig bezahlt hast.

Ihr habt gehört, dass gesagt worden ist: Du sollst nicht die Ehe brechen.

Ich aber sage euch: Wer eine Frau auch nur lüstern ansieht, hat in seinem Herzen schon Ehebruch mit ihr begangen.
Wenn dich dein rechtes Auge zum Bösen verführt, dann reiß es aus und wirf es weg! Denn es ist besser für dich, dass eines deiner Glieder verloren geht, als dass dein ganzer Leib in die Hölle geworfen wird. Und wenn dich deine rechte Hand zum Bösen verführt, dann hau sie ab und wirf sie weg! Denn es ist besser für dich, dass eines deiner Glieder verloren geht, als dass dein ganzer Leib in die Hölle kommt.

Ferner ist euch gesagt worden: Wer seine Frau aus der Ehe entlässt, muss ihr eine Scheidungsurkunde geben.

Ich aber sage euch: Wer seine Frau entlässt, obwohl kein Fall von Unzucht vorliegt, liefert sie dem Ehebruch aus; und wer eine Frau heiratet, die aus der Ehe entlassen worden ist, begeht Ehebruch.

Ihr habt gehört, dass zu den Alten gesagt worden ist: Du sollst keinen Meineid schwören, und: Du sollst halten, was du dem Herrn geschworen hast.

Ich aber sage euch: Schwört überhaupt nicht, weder beim Himmel, denn er ist Gottes Thron, noch bei der Erde, denn sie ist der Schemel für seine Füße, noch bei Jerusalem, denn es ist die Stadt des großen Königs. Auch bei deinem Haupt sollst du nicht schwören; denn du kannst kein einziges Haar weiß oder schwarz machen.
Euer Ja sei ein Ja, euer Nein ein Nein; alles andere stammt vom Bösen.

Ihr habt gehört, dass gesagt worden ist: Auge für Auge und Zahn für Zahn.

Ich aber sage euch: Leistet dem, der euch etwas Böses antut, keinen Widerstand, sondern wenn dich einer auf die rechte Wange schlägt, dann halt ihm auch die andere hin. Und wenn dich einer vor Gericht bringen will, um dir das Hemd wegzunehmen, dann lass ihm auch den Mantel. Und wenn dich einer zwingen will, eine Meile mit ihm zu gehen, dann geh zwei mit ihm. Wer dich bittet, dem gibt, und wer von dir borgen will, den weise nicht ab.

Ihr habt gehört, dass gesagt worden ist: Du sollst deinen Nächsten lieben und deinen Feind hassen.

Ich aber sage euch: Liebt eure Feinde und betet für die, die euch verfolgen, damit ihr Söhne eures Vaters im Himmel werdet; denn er lässt seine Sonne aufgehen über Böse und Gute, und er lässt regnen über Gerechte und Ungerechte.
Wenn ihr nämlich nur die liebt, die euch lieben, welchen Lohn könnt ihr dafür erwarten? Tun das nicht auch die Zöllner?
Und wenn ihr nur eure Brüder grüßt, was tut ihr damit Besonderes? Tun das nicht auch die Heiden?
Ihr sollt also vollkommen sein, wie es auch euer himmlischer Vater ist.

Lässt sich mit der Bergpredigt Politik machen?

K: Von manchen Christen wird im Sinne der Bergpredigt ein einseitiger Verzicht auf militärische Sicherung vorgeschlagen.

Schmidt: Die Idee, die Bergpredigt unmittelbar auf die Außenpolitik unseres Staates zu übertragen, kann man leicht bewerten, indem man sie auf den extremen Fall anwendet: Was hätte es dem Frieden genützt, wenn ein ausländischer Staat Hitler oder Stalin auch noch die andere Backe hingehalten hätte? Das sind in ihrer Naivität absurde Vorstellungen, die völlig abstrahieren von der konkreten geschichtlichen Erfahrung.

K: Von welchen ethischen Prinzipien lassen Sie sich stattdessen leiten?

Schmidt: Ich verweise dabei auf die von mir vielfach zitierte Unterscheidung Max Webers zwischen Gesinnungsethik und Verantwortungsethik: Jemand, der für andere entscheidet, muss sich – jedenfalls in der Demokratie – dafür verantworten. Er muss sich vor Gott oder – wenn es weniger aufwendig klingen soll – vor dem eigenen Gewissen entscheiden, umso mehr, wenn er für andere entscheidet. Er muss die Folgen für alle verantworten und nicht bloß die Lauterkeit seiner persönlichen Motive.
Der Irrtum derer, die Waffenlosigkeit predigen, liegt darin, dass sie die Lauterkeit ihrer Motive bereits für den Erfolg halten. Wenn jedoch alle anderen zu Zeiten Stalins so gehandelt hätten, würden sowjetische Divisionen nicht bloß an der Elbe, sondern am Rhein, an der Nordsee oder auf Kreta stehen. Stalin hat es ja versucht, seinen Einflussbereich noch weiter auszudehnen. Seine Nachfolger versuchen es zwar nicht in Europa, aber doch in Südost- und Südwestasien, in Teilen Afrikas oder an der Südspitze der arabischen Halbinsel.

K: Würden Sie also mit Bismarck sagen, dass man mit der Bergpredigt nicht regieren kann, oder meinen Sie nicht doch, dass von ihr eine gewisse Orientierung für die Politik abzuleiten ist?

Schmidt: Ich bin theologisch nicht genügend gebildet, um im Hinblick auf die Außenpolitik den zweiten Teil Ihrer Frage beantworten zu können. Die Sozialdemokraten haben immerhin nach den Erfahrungen der Emigration, der Hitler-Diktatur, des Zweiten Weltkriegs unter dem Einfluss Schumachers gesagt, es sei gleichviel wert, ob jemand vom Geist der Bergpredigt, vom Boden der klassischen Philosophie oder von Marx und Engels komme und jetzt Sozialdemokrat sein wolle.
Das haben wir mit sehr gutem Gewissen gesagt. Ich war und bin allerdings der Meinung, dass es ein Irrtum wäre, die Bergpredigt als einen Kanon für staatliches Handeln aufzufassen. So ist sie nicht gemeint gewesen; sie war in einer anderen Zeit für eine andere Gemeinde in einer anderen Lage gesprochen.

Fragen

- Im Text wird die Unterscheidung von »Verantwortungsethik« und »Gesinnungsethik« angesprochen. Was ist damit gemeint?
- Zu welcher Art von Ethik gehört Ihrer Meinung nach die Bergpredigt?

Wenn man Hass mit Hass vergilt, wird sich das Böse in der Welt nur vermehren. Hass erzeugt Hass; Gewalt erzeugt Gewalt; Widerstand erzeugt größeren Widerstand. Wir müssen den Mächten des Hasses mit der Macht der Liebe begegnen; wir müssen körperlicher Kraft mit seelischer Kraft begegnen. Unser Ziel darf nie sein, den weißen Menschen zu erniedrigen oder zu vernichten, sondern seine Freundschaft und sein Verständnis zu gewinnen.

Die größte Schwäche der Gewalt liegt darin, dass sie gerade das erzeugt, was sie vernichten will. Statt das Böse zu verringern, vermehrt sie es. Durch Gewalt kann man den Lügner ermorden; aber man kann weder die Lüge ermorden noch die Wahrheit aufrichten. Durch Gewalt kann man den Hasser ermorden, aber man tötet den Hass nicht. Gewalt verstärkt nur den Hass. Das ist der Lauf der Dinge. Gewalt mit Gewalt zu vergelten, vermehrt die Gewalt und macht eine Nacht, die schon schwarz ist, noch dunkler. Dunkelheit kann die Dunkelheit nicht vertreiben, das kann nur das Licht. Hass kann den Hass nicht vertreiben, das kann nur die Liebe …

Martin Luther King

Ein großer Krieg im Stile des Ersten und Zweiten Weltkrieges würde heute im atomaren Zeitalter den Untergang der Menschheit bedeuten. Naturwissenschaftler und Philosophen wie C. F. von Weizsäcker sagen uns, wenn in der Außenpolitik die Ethik der Bergpredigt nicht beachtet wird – in der Außenpolitik und Weltpolitik –, dann wird die Menschheit die nächste Generation nicht überdauern.

Wir müssen als Kirche auf dieses Ziel mit Nachdruck hinweisen. Wir müssen den Politikern in den Ohren liegen auf dieses Ziel hin und sie dazu mahnen, Schritte des Vertrauens zu tun gegenüber dem anderen Machtblock, die moralisch verpflichten.

Kurt Scharf

Fragen

- Worin haben die gegensätzlichen Positionen von H. Schmidt einerseits und Martin Luther King und Bischof Kurt Scharf andererseits Recht?
- Schließen sich diese Positionen aus? Auf welcher Ebene wird hier jeweils argumentiert?

Lässt sich mit der Bergpredigt leben?

Die Forderungen der Bergpredigt erscheinen uns oft als unrealistisch. Gewaltverzicht, Feindesliebe, für diejenigen beten, die einen verfolgen, das *lässt* sich im Alltag, im Berufsleben kaum durchführen. Das ist vielleicht etwas für besondere Menschen, für »Heilige«, aber nicht für den Durchschnittsmenschen. So wie die Welt ist, muss man sich durchsetzen, wenn man nicht der Dumme sein will. Man muss sich wehren, wenn man nicht untergehen will. Und, ist es nicht sogar so, dass man durch völligen Verzicht auf Gewalt und Gegenwehr die Gemeinheit und Gewalttätigkeit der anderen nur noch fördert? Ist das überhaupt zu verantworten? Vor allem dann, wenn man mit solchen Grundsätzen Politik gestalten will.

Doch sehen wir genauer hin! Worum geht es Jesus, wenn er in den so genannten »Antithesen« seine Ethik vor dem Hintergrund des alttestamentlichen Gesetzes entfaltet?

Jesus geht zunächst von einem *Verbot* oder Gebot aus. Ihr habt gehört, dass zu den Alten gesagt wurde: »Du sollst nicht töten«, »Du sollst nicht ehebrechen«, »Du sollst keinen Meineid schwören«, »Auge um Auge, Zahn um Zahn«, »Du sollst deinen Nächsten lieben«.

Solche Verbote und Gebote aber haben ihren Sinn darin, dass sie einen Wert schützen und fördern wollen. Das Verbot »Du sollst nicht töten« will den Wert *Leben* schützen, das Verbot »Du sollst nicht ehebrechen« den Wert der *Ehe* und des *geglückten Zusammenlebens von Mann und Frau*. Das Verbot »Du sollst keinen Meineid schwören« will dem Wert *Wahrheit* und *Vertrauen* dienen, die Regel »Auge für Auge, Zahn für Zahn« sollte ursprünglich die Gewalteskalation eindämmen und damit dem Wert *Frieden* dienen. Nur von dem jeweiligen Wert her erhalten die Verbote ihren Sinn und ihre Gültigkeit. Die Gebote und Verbote, die Jesus zugrunde legt, stellen freilich nur die *Mindestforderung* dar, um den jeweiligen Wert zu schützen und zu fördern. Wenn man sich aber nicht nur an äußere vorgegebene Gebote halten will, sondern Werte im Blick hat, wird deutlich, dass man noch sehr viel mehr tun kann.

Um den Wert *Leben* zu schützen und zu fördern, ist es das Mindeste, dass man sich nicht gegenseitig umbringt. Aber Menschen gehen sich noch auf viele andere Weisen ans Leben. Wir können andere mit Blicken töten, wir können Rufmord begehen, wir können über Leichen gehen, wir können andere kaltstellen, wir können sie mundtot machen. Hier wird deutlich, was alles dazugehört, wenn wir dem Wert *Leben* dienen wollen. Die Situationen, die Jesus in den Antithesen vorstellt, sind Beispiele, wie man diesen Wert über den bloßen Verzicht auf Mord hinaus fördern kann.

Ebenso die Forderung des Gewaltverzichts. Mit der Eindämmung der Eskalation von Gewalt ist zwar das Gesetz des Stärkeren ausgeschaltet und der Kriegszustand vermieden. Aber ist das schon Frieden unter den Menschen? Dazu gehört sehr viel mehr. Und auch hier wollen die Beispiele Jesu Anregungen geben, wie man dem wahren Frieden dienen kann.

Auch der Wahrheit ist zwar schon gedient, wenn es die Möglichkeit der Vereidigung mit Straffolgen bei Meineid gibt. Aber damit ist noch kein wirkliches Vertrauensverhältnis unter den Menschen hergestellt, so dass man sich auf das Wort des anderen verlassen kann.

Jesus gibt in seinen »Antithesen« Beispiele, was man tun kann, wenn man die jeweiligen Werte im Blick hat und nicht bloß die Verbote. Aber es sind eben nur Beispiele. Es ließen sich noch viele andere Situationen des Alltags nennen und Wege, wie man einen Wert fördern kann. Wir könnten mit unserer eigenen Lebensgeschichte die Beispiele Jesu ergänzen und fortschreiben.

Die Bergpredigt will nicht ein neues, jetzt vollständiges Gesetz geben. Die Forderungen Jesu sind nicht noch zusätzliche Regeln, die wir so wortwörtlich ableisten müssten. Sie appellieren vielmehr an unsere Phantasie, selbst Wege zu finden, wie wir etwa den Wert *Frieden* in unserem Lebensbereich, in der Familie, im Beruf, aber auch in der Politik fördern können. Dabei *kann* etwa, dem anderen auch die andere Backe hinzuhalten, ein Weg sein, den anderen zum Frieden zu bewegen. Wenn dies jedoch nicht der Fall ist, sondern die Gewalt eher gefördert wird, muss man nach anderen, wirksameren Wegen suchen. Immer jedoch mit dem Ziel, *wahren* Frieden (nicht einen faulen Frieden) zu erreichen.

Für Jesus kann dies im Extremfall sogar dazu führen, dass man ein Verbot überschreitet. Das Sabbatgebot will ursprünglich dem Menschen, seiner Freiheit, der Besinnung auf Gottes befreiendes Handeln dienen. Wenn man diesen Wert aus dem Blick verliert und nur das Verbot sieht, kann man dieses Verbot aber auch gegen den Menschen kehren. In dem Moment, wo ein Verbot in der Praxis den Wert zerstört, den es eigentlich schützen und fördern soll, kann und muss dieses Verbot durchbrochen werden. Maßstab aber bleibt es, den jeweiligen Wert zu schützen und zu fördern.

Ist die Bergpredigt erfüllbar?

Auslegungsmodelle in der Geschichte

Die Ethik der Bergpredigt hat in der Geschichte eine Fülle von Auslegungen erfahren. Dabei war immer die Frage leitend, wie mit der Radikalität der Forderungen Jesu umgegangen werden kann. Sind sie wirklich in dieser Radikalität gemeint? Wie lassen sie sich mit der alltäglichen Praxis der Menschen vereinbaren? Sind sie nicht unerfüllbar?

Vollkommene und Glaubende

Für die ersten Christen, die noch in der Erwartung der unmittelbaren Wiederkunft Christi lebten, waren die Forderungen der Bergpredigt kein Problem. Erst als sich die unmittelbare Naherwartung nicht erfüllte, wurde die Erfüllbarkeit im Alltag zum Problem. Ein erster Erklärungsversuch besteht in der Vorstellung, die Forderungen der Bergpredigt seien nur an besonders Vollkommene, nicht aber an die gewöhnlichen Gläubigen gerichtet. Für die Glaubenden gelten die Gebote, für die Vollkommenen die evangelischen Räte.

Weltperson und Christperson

Martin Luther bekämpfte diese Unterscheidung von Glaubenden und Vollkommenen. Für ihn ist die Gemeinschaft der Heiligen unteilbar. Für alle gilt nur eine ethische Forderung: die Forderung der Liebe. In der Welt freilich herrscht ein anderes Gesetz. Hier geht es darum, das Böse einzudämmen. Dies geschieht durch den weltlichen Herrscher. Der Christ ist Weltperson und Christperson zugleich. Als Weltperson muss er sich um die Bekämpfung des Bösen und die Bewahrung der Gerechtigkeit bemühen. Als Christperson richtet er sich nach dem Evangelium und handelt gemäß der Liebe.

Gesinnung und Werktätigkeit

In der Neuzeit wurde die Bergpredigt als Gesinnungsethik ausgelegt (etwa bei Wilhelm Herrmann, dem Lehrer Bultmanns). Diese Auslegung besagt, es gehe nicht um die buchstäbliche Befolgung der Forderungen der Bergpredigt, es komme vielmehr auf die innere Gesinnung der Liebe an. Die praktische Verwirklichung tritt hier hinter der rechten Gesinnung zurück.

Endzeit und Zwischenzeit

Auf der Schwelle zum 20. Jahrhundert wurde von Theologen wie Albert Schweitzer und Johannes Weiß ein neues Auslegungsmodell vorgetragen. Die Radikalität der Forderungen wurde dadurch erklärt, dass Jesus selbst in der Erwartung des baldigen Weltendes und des Einbruchs der Gottesherrschaft lebte. Die radikalen Forderungen sind nur für diese kurze Zwischenzeit gültig (Interims-Ethik). Sie erklären sich aus der Haltung des Abschieds von dieser Welt.

Selbstgerechtigkeit und Gericht

Dieses Auslegungsmodell sieht in der Bergpredigt nicht primär eine Anweisung zum Handeln. Vielmehr wird hier einer weltlichen Praxis der Spiegel des göttlichen Anspruchs vorgehalten. Sie will uns unser Sein als Sünder vor Augen führen. Die Forderungen der Bergpredigt sind Gericht über unsere eigene Selbstgerechtigkeit.

Menschensohn und Menschen

Karl Barth hat ein weiteres Auslegungsmodell geschaffen. Für ihn sind die Forderungen der Bergpredigt einzig und allein von Jesus Christus erfüllt worden. Mit der Erfüllung durch den Menschensohn aber sind die Menschen nicht von ihrer Praxis dispensiert. Gerade die Erfüllung durch Jesus stellt an die, die in seiner Gemeinschaft leben wollen, den Anspruch, dasselbe zu tun.

Feindesliebe als »Entfeindungs-Strategie«

Feindesliebe, jesuanisch verstanden, heißt also viel mehr als gute Miene zum bösen Spiel zu machen, indem man den Feind erträgt oder ihn sich durch Höflichkeiten vom Leibe hält, sondern es geht um ein redliches Sich-Bemühen, ein Werben und ein Ringen um den anderen, auf dass er sich ändere, seinen Hass aufgebe und zum Bruder werde. Kurzum – eine Theopolitik der kleinen Liebesschritte, die darauf zielt, dass der Feind aufhört, dein Feind zu sein …

Pinchas Lapide

Worterklärungen:

Verantwortungsethik:
Für die Verantwortungsethik ist es entscheidend, dass man nicht nur eine gute Absicht hat und ein gutes Ziel verfolgt, sondern dass man auch die richtigen Mittel wählt. Sie bemüht sich, diejenigen Mittel zu finden, durch die das jeweilige Ziel am besten erreicht und verwirklicht werden kann.

Gesinnungsethik:
Für die Gesinnungsethik ist nicht nur der gute Erfolg einer Handlung, sondern die subjektive Absicht entscheidend, die einen beim Handeln leitet. Eine Handlung ist dann gut, wenn der zugrunde liegende Wille oder die Absicht gut ist. Dies gilt für die Gesinnungsethik auch dann, wenn man durch sein Handeln faktisch Schaden anrichtet.

Konfliktfälle zur Diskussion

Ein erster Fall: Zwischen Gesetz und Menschlichkeit

In Großbritannien existiert seit einiger Zeit eine »Tier-Befreiungsfront« (Animal Liberation Front, ALF). Mitglieder der ALF sind gegen die Ausbeutung von Tieren bei der industriellen Tierhaltung, der Pelzherstellung, in Laboratorien usw. Anstatt jedoch gegen diese Praktiken in der üblichen Weise zu protestieren, sind sie zur direkten Aktion übergegangen, indem sie Pelzfarmen überfielen, Tiere freiließen, Laboratorien für Tierexperimente zerstörten und Robbenfänger-Schiffe leckschlugen. Während sie darauf achteten, keinem Tier – ob zweibeinig oder vierbeinig – etwas zuleide zu tun, richteten sie erheblichen Schaden an Eigentum an. Einige Mitglieder wurden gefasst und erhielten Gefängnisstrafen bis zu drei Jahren.

Es ist richtig, gegen den Missbrauch von Tieren zu Felde zu ziehen, der ja, wie wir gesehen haben, nur deshalb geduldet wird, weil wir die Interessen von Angehörigen anderer Gattungen nicht so ernst nehmen wie die des Homo sapiens. Ist es aber auch richtig, direkte illegale Aktionen gegen diesen Missbrauch zu unternehmen? Oder haben wir eine vorrangige Pflicht, den Gesetzen zu gehorchen? Wenn wir mit dem Ziel, den Missbrauch von Tieren zu beseitigen, übereinstimmen, müssen wir dann auch die Mittel anerkennen?

Aufgabe

Nennen Sie weitere Beispiele aus Ihrem unmittelbaren Erfahrungsbereich oder dem aktuellen politischen Geschehen.

Fragen

- Hat man das Recht, in extremen Fällen oder bei offensichtlicher Unmenschlichkeit gegen staatliche Gesetze auch mit Gewalt zu verstoßen?
- Wozu gibt es überhaupt gesetzliche Regelungen? Was verleiht ihnen Verbindlichkeit und Gültigkeit?
- Welche Gründe könnten die Forderung nach Erfüllung staatlicher Gesetze außer Kraft setzen?
- Ist es ethisch vertretbar, dass sich ziviler Ungehorsam mit Mitteln der Gewalt äußert?
- Ab welcher Grenze lässt sich von Gewalt beim zivilen Ungehorsam sprechen?

Vgl. auch:
Deutscher Erwachsenenkatechismus Bd. II, 256-262.

Ein zweiter Fall: Gewalt einfach hinnehmen?

Der Anteil von Kindern und Jugendlichen an der Gewaltkriminalität in Sachsen steigt dramatisch an. Die Landespolizei glaubt nicht an eine vorübergehende Erscheinung, sondern sieht eine stetig verlaufende Entwicklung über einen langen Zeitraum.

Der Anteil der Tatverdächtigen unter 21 Jahren bei Gewaltdelikten lag in Sachsen nach Angaben des Landeskriminalamts (LKA) 1992 bei 38,7 Prozent. 1993 waren 43,9 Prozent erreicht, die Zahl kletterte 1994 auf 46 Prozent und stieg 1995 um fünf Prozent auf 51,5 Prozent an.

Je schwerer die Tat, desto höher der Anteil der Jugend: Bei gefährlicher Körperverletzung wurden 2230 Tatverdächtige unter 21 Jahren gegenüber 2109 Erwachsenen ermittelt. Bei Raub war das Verhältnis 1531 zu 991. Und außerdem: Je jünger die Täter, desto größer die Wachstumsrate bei den Gewaltdelikten: Bei Kindern unter 14 Jahren betrug sie 1995 genau 25,9 Prozent gegenüber dem Vorjahr. Bei den Jugendlichen bis 18 Jahren waren es 21 Prozent, bei Heranwachsenden bis 21 Jahren 16 Prozent gegenüber »nur« 11 Prozent bei den Erwachsenen.

»Die Toleranz gegenüber Gewalt hat beängstigend zugenommen«, sagt der Dezernatsleiter Jugend- und Rauschgiftprävention im LKA, Ronald Börner, und nennt Beispiele. Die Tatbestände sind erschreckend, Unrechtsbewusstsein fehlt teilweise vollständig. »Das war echt geil, da haben wir wieder einen Asi (Asozialen) plattgemacht«, prahlt ein 15-jähriger Junge, der einem halb blinden Landstreicher mit einer Luftpistole aus zwei Metern Entfernung ins Gesicht geschossen hatte und dabei das gesunde Auge schwer verletzte.

Aus: Die Welt 23/8/1996

Fragen

- Halten Sie es für sinnvoll oder möglich, angesichts der steigenden Gewalt in unserer Gesellschaft, im Sinne der Bergpredigt auf Gegengewalt zu verzichten?
- Worin sehen Sie die Gründe für die steigende Gewaltbereitschaft unter Jugendlichen?
- Lässt sich die Erziehung dafür verantwortlich machen?
- Wodurch können wir alle zu einer Reduzierung der Gewalt beitragen?

Vgl. auch:
Deutscher Erwachsenenkatechismus Bd. II, 321-326.
Gewalt und Gewaltanwendung in der Gesellschaft, hg. v. der Kammer für öffentliche Verantwortung der EKD.

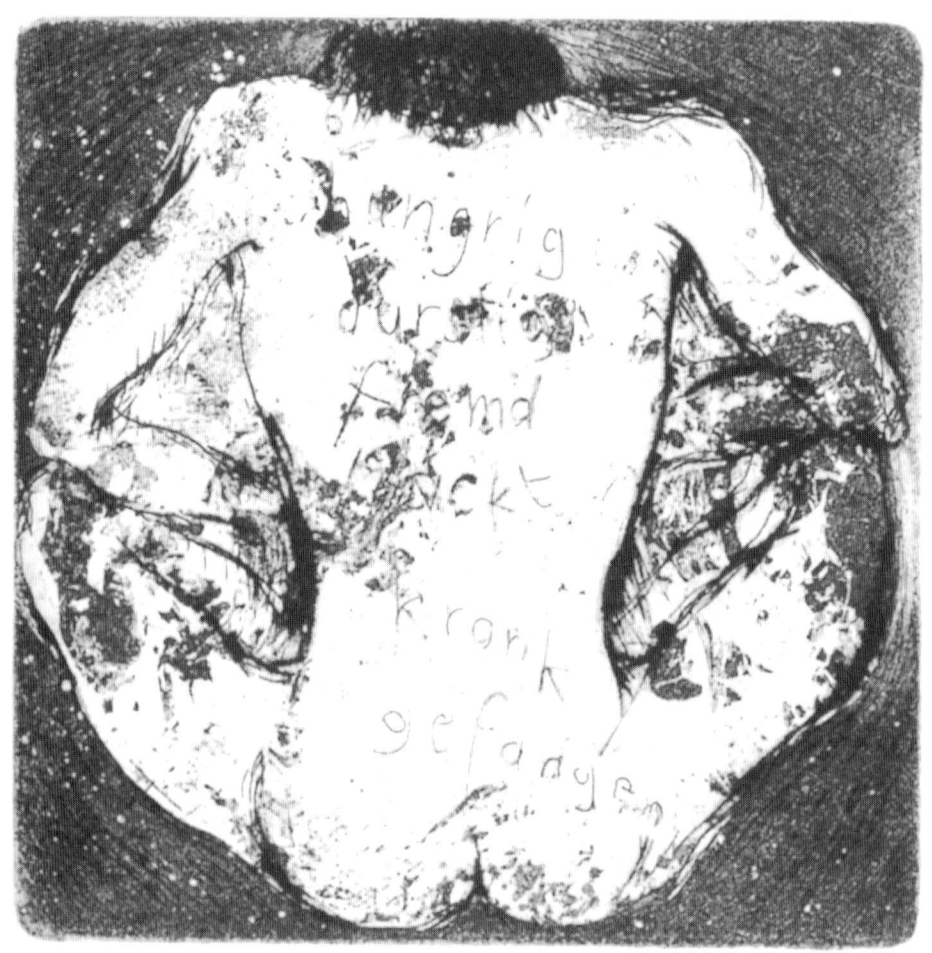

Die Radierung (oben) des Künstlers Thomas Zacharias konfrontiert mit der »Kehrseite« eines Menschen, der nackt im Dunkel hockt. Das Gesicht ist nicht zu sehen, der Kopf halb abgeschnitten. Flecken auf dem Körper und in die Haut geritzte Worte deuten die mögliche Fülle seiner Leiden (Wunden) an.
Ist der Mensch sich seines Rückens bewusst?
Wird seine Notlage gesehen?
Wartet er auf Linderung, Barmherzigkeit ...?
Gilt ihm die Seligpreisung Jesu?
...

4. Kapitel
Welche Orientierung finde ich in mir selbst?
Das eigene Gewissen

Medientipp:

Dokumentationsfilm: »Ich war fremd ...«, 15 Min (F), BRD 1992, Johannes Rzitka / Max Kronawitter [Prod.] (VIDEOFILM)
In Interviews greift der Filmbeitrag gängige (Vor-)Urteile und Meinungen der Bundesbürger/innen zur Ausländerfrage auf. Berechtigte und (jedoch mehr) unberechtigte Argumente kommen zur Sprache. Gut geeignet als Anspielfilm für die weitere Beschäftigung mit dem Thema.

Literaturhinweise:

Bernhard Sill: Phänomen Gewissen. Gedanken, die zu denken geben. Ein Textbuch, Hildesheim (Benno-Bernward-Morus GmbH) 1994
Die breit angelegte Sammlung bietet Texte aus Dichtung und Literatur, Psychologie, Politik, Philosophie, Theologie und Lehramt.

Deutscher Erwachsenenkatechismus, Band 2:
Das Gewissen (S. 119-144)
Die Weisung des kirchlichen Lehramts als Maßstab christlichen Handeln (S. 112-118)

Zur Einführung

Das Gewissen ist für uns heute zumeist die letzte Instanz, auf die wir uns in ethischen Entscheidungen berufen. Die Gewissensfreiheit gehört zu den Grundrechten des Menschen. Die unverrechenbare Würde des Menschen hängt damit zusammen, dass er in seinem Gewissen einen unbedingten An-Spruch erfährt. Die christliche Tradition hat im Blick auf diese Erfahrung davon gesprochen, dass im Gewissen die Stimme Gottes vernehmbar wird.

So verbreitet heute die Berufung auf das eigene Gewissen ist, sie wird zugleich auch in Zweifel gezogen: Beruht das Urteil unseres Gewissens nicht letztlich auf Erziehung und auf Konventionen der Gesellschaft? Handelt es sich nicht in Wirklichkeit um verinnerlichte Ängste; Strafandrohung der Eltern, vielleicht auch der Kirche? Ist auf das Gewissen unbedingt Verlass, oder ist das, was unser Gewissen sagt, nicht relativ und wandelbar? Und weiter: Ist die Berufung auf das eigene Gewissen nicht heute einer Inflation unterworfen? Wird es nicht vielfach als Freibrief dazu gebraucht, um ein Verhalten nach der jeweils eigenen Überzeugung, nach eigenem Geschmack zu rechtfertigen? Fällt die Berufung auf das eigene Gewissen und seine Gewissensfreiheit oft nicht allzu leicht?

Trotz aller Anfragen bleibt die grundlegende Bedeutung des Gewissens bestehen. Es wäre keine Alternative, sich bloß an überlieferte Normen, an äußere Gebote und Vorschriften zu halten, woher auch immer sie stammen. Erst wenn ich selbst in meinem Gewissen die Richtigkeit dieser Gebote und Normen erkannt habe und ihnen frei zustimmen kann, lässt sich wirklich von verantwortlichem Handeln sprechen.

So stellen sich viele Fragen: Was sagt uns überhaupt das Gewissen? Wie lässt sich ein wirkliches Gewissensurteil von bloßer persönlicher Überzeugung oder Vorliebe unterscheiden? Ist das Gewissen wirklich die Stimme Gottes im Menschen oder ist es das Resultat von Erziehung, Konvention und Ängsten? Für viele katholische Christen stellt sich außerdem die Frage: Wem muss ich mehr folgen, dem eigenen Gewissen oder dem Lehramt der Kirche?

Das folgende 4. Kapitel will etwas zur Beantwortung dieser Fragen beitragen und das Gespräch und das eigene Nachdenken darüber anregen.

Angenommen ...
Sie stehen an der Einkaufskasse eines Supermarktes, hinter Ihnen eine lange Schlange, und die Kassiererin gibt versehentlich einen Zwanziger zu viel heraus ...

Angenommen ...
Sie möchten Ihren gebrauchten PKW verkaufen, und der Käufer fragt nach eventuellen Unfallschäden ...

Angenommen ...
es regnet in Strömen, die Straßenbahn nähert sich schon, und Sie haben Ihre Geldbörse vergessen ...

Angenommen ...
Sie hätten die Möglichkeit, in Ihrer Firma unerkannt ...

Erfahrungen

> Sein Gewissen war rein, er benutzte es nie.

Sucht man nach Erfahrungen zum Thema Gewissen in der Heiligen Schrift, so ergibt sich ein erstaunliches Bild. Die Bibel kennt den »Fachausdruck Gewissen« nicht. Wert- und Unwertgefühl wird in den alten Religionen durch die Unterscheidung von gut und böse auf den Begriff gebracht und mit den inneren Organen des Menschen zusammen gesehen. Gott ist mit seinem Wort im »Herzen« der Menschen und so weiß der Mensch, wie er handeln soll (vgl. Deuteronomium 30,14). Zugleich kennen wir viele Erzählungen aus der Bibel, wo das Thema Gewissen eine Rolle spielt. Beispielsweise verstecken sich Adam und Eva vor Gott unter den Bäumen des Gartens; Kain muss mit dem Wissen um den Totschlag seines Bruders leben; Petrus schlägt das Gewissen beim dritten Hahnenschrei ...

**Der Herr sprach zu Kain:
Warum überläuft es dich heiß, und warum senkt sich dein Blick? Nicht wahr, wenn du recht tust, darfst du aufblicken, wenn du nicht recht tust, lauert an der Tür die Sünde als Dämon.
Auf dich hat er es abgesehen, doch du werde Herr über ihn.**

(Genesis 4, 6-7)

Kleine Phänomenologie des Gewissens

Die Gewissenserfahrung bildet ein innerliches Geschehen.

Der Ruf des Gewissens beschränkt sich auf den Einzelmenschen.

Das Phänomen zielt direkt auf mich.

Das Gewissen spricht zu mir als dem konkreten Menschen.

Die Art, das Gewissen zu verstehen, ist Sich-verstehen.

Zum Phänomen gehört die Plötzlichkeit der Erfahrung.

Die Stimme des Gewissens ist ein Anruf.

Der Gewissensruf führt in die Einsamkeit.

Die Gewissenserfahrung versetzt in Unruhe.

Der Getroffene empfindet Schmerz.

Gewissenserfahrung ist unterschiedlich intensiv

Der Grund des Quälenden liegt im Tun.

Gewissen berührt das Problem der Freiheit.

Im Gewissensruf meldet sich hinter allem Tun ein tieferes Sein.

Gewissen – nur scheinbar eine Wirklichkeit.

Ich rede, wenn ich schweigen sollte

Strophe:
Ich re-de wenn ich schwei-gen soll-te, und wenn ich et-was sa-gen soll-te, dann bin ich plötz-lich stumm, dann bin ich plötz-lich stumm.

Refr.: Herr, hilf das Rech-te sa-gen. Hilf uns das Gu-te wa-gen. Hilf uns das Gu-te wa-gen. Herr, hilf das Rech-te tun.

2. Ich schweige, wenn ich reden sollte,
und wenn ich einmal hören sollte,
dann kann ich's plötzlich nicht,
dann kann ich's plötzlich nicht.

Refrain : Herr, hilf das Rechte sagen ...

3. Ich glaube, wenn ich zweifeln sollte,
und wenn mein Glaube tragen sollte,
dann bin ich tatenlos,
dann bin ich tatenlos.

Refrain : Herr, hilf das Rechte sagen ...

4. Ich zweifle, wenn ich glauben sollte,
und wenn ich kritisch fragen sollte,
dann nehm ich alles an,
dann nehm ich alles an.

Refrain : Herr, hilf das Rechte sagen ...

T: Kurt Rommel
M: Paul Bischof; Rechte im
Gustav Bosse Verlag, Kassel
Aus: Neue Geistl. Lieder (BE 285)

Die erste und wichtigste Aufgabe des Gewissens besteht darin, die Forderung des Guten zu spüren, das menschlich verwirklicht sein will. **(Romano Guardini)**

Immer wieder im Laufe der Geschichte haben sich bedeutende Persönlichkeiten auf das Gewissen berufen und die Gewissenserfahrung beschrieben. Für Immanuel Kant ist das Gewissen ein »innerer Gerichtshof«, vor welchem sich die Gedanken einander verklagen bzw. entschuldigen. Martin Heidegger kennzeichnet das Gewissen als »Ruf der Sorge«, der »aus mir und doch über mich« kommt. Auf dem Reichstag zu Worms spricht Martin Luther unter Berufung auf sein Gewissen das berühmte »Hier stehe ich, ich kann nicht anders«. Thomas Morus legte gegenüber Heinrich VIII. den Suprematseid nicht ab und wurde dafür hingerichtet. Ebenso die Geschwister Hans und Sophie Scholl, die gegen das Unrecht der Nationalsozialisten in der Widerstandsgruppe die »Weiße Rose« agierten.

Das Gewissen – Stimme Gottes oder Produkt der Erziehung?

Das II. Vatikanische Konzil beschreibt das Gewissen als ein Gesetz, das Gott in das Herz des Menschen eingeschrieben hat und dem er unbedingt gehorchen soll.

II. Vatikanum:

»Im Inneren seines Gewissens entdeckt der Mensch ein Gesetz, das er sich nicht selbst gibt, sondern dem er gehorchen muss und dessen Stimme ihn immer zur Liebe und zum Tun des Guten und zur Unterlassung des Bösen aufruft und, wo nötig, in den Ohren des Herzens tönt: Tu dies, meide jenes. Denn der Mensch hat ein Gesetz, das von Gott seinem Herzen eingeschrieben ist, dem zu gehorchen eben seine Würde ist, und gemäß dem er gerichtet wird. Das Gewissen ist die verborgenste Mitte und das Heiligtum im Menschen, wo er allein ist mit Gott, dessen Stimme in diesem seinem Innersten zu hören ist. Im Gewissen erkennt man in wunderbarer Weise jenes Gesetz, das in der Liebe zu Gott und dem Nächsten seine Erfüllung hat. Durch die Treue zum Gewissen sind die Christen mit den übrigen Menschen verbunden im Suchen nach der Wahrheit und zur wahrheitsgemäßen Lösung all der vielen moralischen Probleme, die im Leben der Einzelnen wie im gesellschaftlichen Zusammenleben entstehen...«
(GS 16)

Was das Konzil als Handeln gemäß dem Gewissen bezeichnet, wird aber von anderer Seite psychologisch als Über-Ich oder soziologisch als Zwang der Gesellschaft gedeutet.

Psychologie:

Seit etwa 100 Jahren erklären Psychologen die menschliche Psyche mit Hilfe der Lehre von drei psychischen Antrieben: dem Ich, dem Über-Ich und dem Es, dem Unbewussten. S. Freud erklärt das Gewissen folgendermaßen: »Als Niederschlag der langen Kindheitsperiode, während der der werdende Mensch in Abhängigkeit von seinen Eltern lebt, bildet sich in seinem Ich eine besondere Instanz heraus, in der sich dieser elterliche Einfluss fortsetzt. Sie hat den Namen des Über-Ichs erhalten. Insoweit dieses Über-Ich sich vom Ich sondert und sich ihm entgegenstellt, ist es eine dritte Macht, der das Ich Rechnung tragen muss.

Eine Handlung des Ichs ist dann korrekt, wenn sie gleichzeitig den Anforderungen des Über-Ichs und der Realität genügt, also deren Ansprüche miteinander zu versöhnen weiß. ... Das Über-Ich ... beobachtet das Ich, gibt ihm Befehle, richtet es und droht ihm mit Strafen, ganz wie die Eltern, deren Stelle es eingenommen hat. Wir heißen diese Instanz ... unser Gewissen.

Die wesentlichste Funktion des Über-Ich-Gewissens besteht darin, Aggressionen zu binden und Schuldgefühle zu entwickeln.«

Soziologie:

Die Soziologie erklärt das Gewissen als Konvention oder gesellschaftlichen Zwang. Bei »Zwang, der von der Gesellschaft ausgeht« denken wir zunächst vielleicht an totalitäre Staaten, in denen vorgeschrieben wird, was die Menschen tun und lassen sollen. Freiheiten, die in der westlichen Welt selbstverständlich sind wie Bewegungsfreiheit, Zahl der Kinder, politische und demokratische Freiheiten, Glaubens- und Meinungsfreiheiten, sind in solchen Staaten eingeschränkt oder unterdrückt.

Im engeren Sinne aber versteht man unter »Zwang der Gesellschaft« jene Kräfte, denen auch die Menschen in freien Gesellschaften ausgesetzt sind. Einer der schlimmsten Zwänge in unserer Gesellschaft ist der Konsumzwang. Der Wohlstand unserer Gesellschaft beruht darauf, dass ständig immer mehr Güter und Waren erzeugt und verbraucht werden, auch auf Kosten der Umwelt. Andere gesellschaftliche Zwänge, die bereits junge Menschen zu spüren bekommen, lassen sich in Sätzen wie folgendem zusammenfassen: Nur wer etwas leistet, gilt etwas und bringt es zu etwas.

Wer diese Zwänge der Gesellschaft unwidersprochen hinnimmt und sich nicht dagegen wehrt, gibt ein Beispiel dafür, wie gesellschaftliche Normen sein Gewissen besetzen.

Wie verlässlich ist unser Gewissen?

Das Gewissen wird oft so verstanden, als wäre es eine innere Stimme, die uns in jeder Situation immer genau sagt, was wir tun und war wir lassen sollen. Doch, warum sind Menschen oft so unterschiedlicher Meinung darüber, was verantwortlicherweise getan werden sollte? Wie kommt es, dass viele Menschen meinen, von ihrem Gewissen her den Wehrdienst verweigern zu müssen, während andere es – auch vor ihrem Gewissen – für notwendig und geboten halten, Wehrdienst zu leisten? Wie kommt es, dass Menschen meinen, es vor ihrem Gewissen verantworten zu können, bei einem schwerkranken, dem Tod nahen Menschen auf dessen drängenden Wunsch hin auch aktiv Sterbehilfe leisten zu können, während andere das von ihrem Gewissen her ablehnen? Bedeutet das, dass es verschiedene Gewissen gibt?

Wenn wir in dieser Frage weiterkommen wollen, ist es wichtig, im Gewissensurteil zwei Schritte zu unterscheiden (vergleiche dazu das nebenstehende Schema):

- In einem 1. Schritt sagt das Gewissen:
  Handle gut und nicht egoistisch!
  Damit fordert das Gewissen uns auf, uns in unserem Handeln nicht letztlich vom eigenen Vorteil leiten zu lassen, sondern von dem, was wir im Ganzen als gut erkennen. Diese Aufforderung des Gewissens gilt immer und für jeden. Es ist ein unbedingter Anspruch, der allen Menschen von Natur aus eingegeben ist.

- In einem 2. Schritt sagt das Gewissen z.B.:
  Es ist richtig, Wehrdienst zu leisten oder
  Es ist falsch, Wehrdienst zu leisten.
  Es ist gut, in Extremfällen auf den Wunsch eines Todkranken hin auch aktiv Sterbehilfe zu leisten oder
  Es ist schlecht, solches zu tun!
  In dieser Aufforderung des Gewissens geht es um eine konkrete Entscheidung. Sie ist uns nicht angeboren. Wir müssen erst selbst herausbekommen, was in einer bestimmten Situation richtig ist. Dabei kann man auch darin irren, was man für das Richtige hält. Es kommt deshalb darauf an, in einen Dialog mit anderen zu treten. Viele Augen sehen oft mehr als nur einer allein. Man muss seine Meinung begründen, aber auch offen für bessere Argumente bleiben.

I.

Handle gut und nicht egoistisch

gilt unbedingt

kann nicht irren

II.

Es ist gut ...   Es ist schlecht ...

- Atomkraftwerke zu bauen
- Schwerstkranken Menschen auf ihren Wunsch hin aktive Sterbehilfe zu leisten
- Künstliche Empfängnisverhütungsmittel zu nehmen
- Wehrdienst zu verweigern ...

muss im Dialog mit anderen begründet werden.

kann falsch sein

ist wandelbar

Gewissensurteil

Was ergibt sich aus dieser Unterscheidung?

- Auch wenn jemand im 2. Schritt unwissentlich irrt, verpflichtet ihn sein Gewissen aufgrund des 1. Schrittes, unbedingt das zu tun, was er als gut einsieht.
- Es ist zu unterscheiden zwischen »sittlich gut oder böse« auf der einen Seite und »sittlich richtig und falsch« auf der anderen Seite. So ist es möglich, dass jemand zwar sittlich gut handelt, weil es ihm um das Gute und nicht um sich selbst geht, dass er aber doch etwas Falsches tut. In diesem Fall handelt man dennoch gut und wird nicht schuldig.

- Auch wenn uns das Gewissen unbedingt zu dem verpflichtet, was wir als gut einsehen, können wir es nicht einfach bei unserer einmal eingenommenen Meinung belassen. Wir sind aufgefordert, im Blick auf konkrete Fragen uns weiter zu informieren, in Dialog mit anderen zu treten, andere Meinungen zu hören und deren Argumente zu prüfen. Wir sind aufgerufen, eventuell auch unsere Meinung zu ändern und uns von anderen korrigieren zu lassen.
- Die Bereitschaft zum Dialog lässt sich christlich als Wirken des Heiligen Geistes verstehen.

Gewissen und Identität

Sarai, Abrams Frau, hatte ihm keine Kinder geboren. Sie hatte aber eine ägyptische Magd namens Hagar. Sarai sagte zu Abram: Der Herr hat mir Kinder versagt. Geh zu meiner Magd! Vielleicht komme ich durch sie zu einem Sohn. Abram hörte auf sie. Sarai, Abrams Frau, nahm also die Ägypterin Hagar, ihre Magd – zehn Jahre, nachdem sich Abram in Kanaan niedergelassen hatte –, und gab sie ihrem Mann Abram zur Frau. Er ging zu Hagar, und sie wurde schwanger. Als sie merkte, dass sie schwanger war, verlor die Herrin bei ihr an Achtung. Da sagte Sarai zu Abram: Das Unrecht, das ich erfahre, komme auf dich. Ich habe dir meine Magd überlassen. Kaum merkt sie, dass sie schwanger ist, so verliere ich schon an Achtung bei ihr. Der Herr entscheide zwischen mir und dir. Abram entgegnete Sarai: Hier ist deine Magd; sie ist in deiner Hand. Tu mit ihr, was du willst. Da behandelte Sarai sie so hart, dass ihr Hagar davonlief.

Der Engel des Herrn fand Hagar an einer Quelle in der Wüste, an der Quelle auf dem Weg nach Schur. Er sprach: Hagar, Magd Sarais, woher kommst du, und wohin gehst du? Sie antwortete: Ich bin meiner Herrin Sarai davongelaufen. Da sprach der Engel des Herrn zu ihr: Geh zurück zu deiner Herrin, und ertrage ihre harte Behandlung! Der Engel des Herrn sprach zu ihr: Deine Nachkommen will ich so zahlreich machen, dass man sie nicht zählen kann. Weiter sprach der Engel des Herrn zu ihr: Du bist schwanger, du wirst einen Sohn gebären und ihn Ismael (Gott hört) nennen; denn der Herr hat auf dich gehört in deinem Leid.
(Genesis 16, 1-11)

Fragen

Wenn wir in dieser Erzählung die Begegnung Hagars mit dem Engel als Gewissenserfahrung deuten:

- Worauf spricht der Engel Hagar an? Wie meldet sich das Gewissen?
- Welche Gründe bringen Hagar dazu, umzukehren?
- Was geschieht mit Hagar selbst in dieser Begegnung?
- Wie wird in dieser Erzählung Gottes Führung erfahrbar?

Gewissensbildung

Mit dem Gewissen ist es wie mit der Sprache. Es handelt sich um eine Fähigkeit, die der Pflege und Entwicklung bedarf. Ein Kind muss erst noch lernen, was gut und richtig ist. Dabei wird es zunächst die Regeln der Eltern sowie enger Bezugspersonen übernehmen. Was diese für wahr und richtig halten, hält auch das Kind für wahr und richtig. Erst später lernt es, selbst zu entscheiden, handelt Spielregeln aus, orientiert sich an Prinzipien oder Idealen, beispielsweise am Maßstab der Gerechtigkeit.

Pädagogen gehen heute davon aus, dass sich die ethische Entwicklung des Menschen in Phasen bzw. Stufen vollzieht. Erzieher, Lehrerinnen und Lehrer bemühen sich deswegen heute um eine positive, alters- und reifegemäße Gewissensbildung. Weniger die Prägung eines Sündenbewusstseins, vielmehr eine Erziehung zur Verantwortung wird betont. Das Kind soll lebenstüchtig werden, als Person mit Vernunft und in Freiheit existieren. Beispielsweise Achtung und Wohlwollen gegenüber anderen; Toleranz, Besonnenheit wollen erfahren und im partnerschaftlichen Miteinander in Kindergarten, Schule und während der Freizeit eingeübt sein.

Gewissensbildung hört jedoch nie auf. Auch wir können unser Gewissen bilden, indem wir lernen, auf unsere innere Stimme zu hören. Ein empfindsames, gut ausgebildetes Gewissen spürt leichter, wo Schaden abgewendet und Nutzen gestiftet werden kann. Ich kann stumpf und bequem daherleben, mich aber auch interessieren, um Wissen, Erkenntnis, Argumente bemühen. Ein gut gebildetes Gewissen wird mir eher helfen, die Probleme des Lebens angemessen zu bewältigen und offen zu werden für die Situation, die Erfahrungen, Positionen und Gründe anderer.

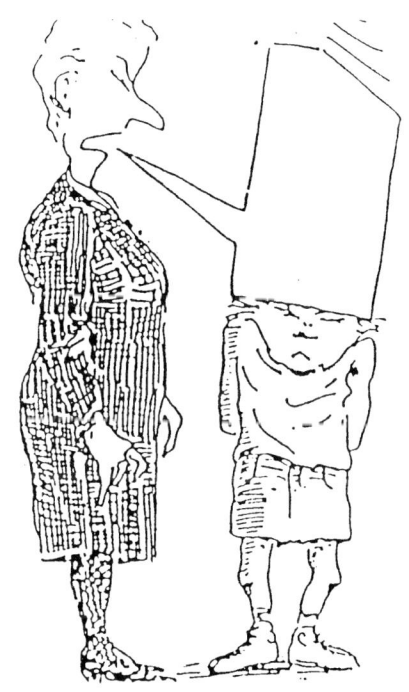

Nur der erlernt Verantwortung, der üben kann, Verantwortung zu tragen.

Kirchliches Lehramt – *eigenes Gewissen*

Zunächst ist es Aufgabe der gesamten Kirche, vor allem derer, die mit der Erziehung junger Menschen und mit der Verkündigung betraut sind, dem Menschen seine unabdingbare und unabnehmbare Verantwortung vor Gott bewusst zu machen. Insofern sind die Kirche und die Vertreter des kirchlichen Lehramts immer im Recht, wenn sie uns aufrufen, an Jesus Christus als den Sohn Gottes zu glauben und unser Leben nach diesem Glauben zu gestalten. Das ist der zentrale Kern christlichen Glaubens, wie er uns bereits im Apostolischen Glaubensbekenntnis begegnet. Von diesem zentralen Glaubensgehalt dürfen wir auch annehmen, dass darin die Kirche niemals in Irrtum fällt. In diesem Sinne ist auch das kirchliche Lehramt immer im Recht, wenn es uns in den Glauben an Christus ruft, selbst wenn es gelegentlich in der Auslegung dessen, worin sich dieser Glaube im Einzelnen zu bewähren hat, irren kann.

Aber gerade hier beginnt nun die Problematik. Das kirchliche Lehramt hat eben auch die Würde des einzelnen Menschen, der sich im Gewissen zu etwas verpflichtet weiß, zu respektieren. Die Gewissen der Gläubigen müssen hörfähig gemacht und für die Erkenntnis des Guten und Richtigen geschärft werden. Dabei genügt es nicht, einfach auf die Äußerungen des kirchlichen Lehramtes zu verweisen – denn das Gewissen ist ja nicht einfach das Echo der Stimme des Lehramtes –, sondern – wie es in den Konzilstexten ausdrücklich heißt – ›die verborgenste Mitte und das Heiligtum im Menschen, wo er allein ist mit Gott, dessen Stimme in diesem seinem Innersten zu hören ist ... Wenn dem aber so ist, dann kann selbst das kirchliche Lehramt an den Gewissenserfahrungen der einzelnen Gläubigen nicht einfach vorübergehen, sondern hat auch auf deren Zeugnis zu achten, selbst wenn sich darin für den Außenstehenden vielleicht nur in gebrochener Weise Gottes Wille widerspiegelt.

Einen blinden Gehorsam gegenüber menschlicher Autorität kennt der Christ nicht, auch nicht gegenüber Bischof und Papst. Haupt und eigentlicher Autoritätsträger der Kirche ist und bleibt Jesus Christus. Alle Autorität in der Kirche steht unter dieser letztgültigen Autorität und kann sich dementsprechend nur als relative Autorität verstehen. Doch dürfen wir aufgrund der Zusage des Beistands des Geistes Gottes damit rechnen, dass die Kirche in ihren zentralen Glaubensaussagen vor Irrtum bewahrt bleibt. Handelt es sich bei einer Gehorsamsforderung um eine eindeutig formulierte, unfehlbar verkündete Wahrheit christlichen Glaubens, so steht der Betreffende vor der Entscheidung, ob und inwieweit er Christ sein soll oder nicht. Doch besitzen nicht alle weiteren Aussagen des kirchlichen Lehramtes eine solche Qualität. Sie fordern zwar durchaus Anerkennung und Gehorsam. Doch kann es hier zu einem legitimen Dissens kommen.

Wenn ein Christ trotz gründlicher Auseinandersetzung mit einer verkündeten kirchlichen Lehre in einen Gewissenskonflikt gerät und schließlich zu einer Entscheidung gelangt, die sich mit dem geforderten Gehorsam nicht in Einklang bringen lässt, behält ein solcher Gewissensspruch seine Verbindlichkeit.

Johannes Gründel

»In der Bemühung um die sittliche Wahrheit und um die Begründung konkreter Normen ist die Kirche nicht immer frei von Irrtum und Mängeln gewesen. Es wäre jedoch falsch, daraus den Schluss zu ziehen, das Lehramt würde sich bei seinen Aussagen gewöhnlich täuschen. Deshalb dürfen Urteile über sittliche Fragen, die in den Kompetenzbereich des Lehramtes fallen, bis zum Beweis des Gegenteils die Vermutung für sich beanspruchen, dass sie zutreffen. Dennoch können Christen trotz aufrichtiger Bemühungen, bestimmte Lehraussagen anzunehmen, ernsthafte Schwierigkeiten haben, ihre Zweifel auszuräumen ...
Wo Schwierigkeiten bestehen, sollten sie, wo immer dies möglich erscheint, nicht nur der persönlichen Gewissensentscheidung überlassen bleiben, sondern ihre Lösung sollte in einem ehrlichen Dialog angestrebt werden, der vom Geist brüderlicher Liebe geprägt ist.«

(Deutscher Erwachsenen-Katechismus, Bd. II, 117f)

Vgl. dazu auch von evangelischer Seite:
Aufgaben und Grenzen kirchlicher Äußerungen zu gesellschaftlichen Fragen, hrsg. vom Rat der EKD (1970).

Aus der Königsteiner Erklärung der Deutschen Bischofskonferenz (29./30. April 1968) zur Enzyklika »Humanae vitae«:

»Die Lehre der Enzyklika über die Methoden der Geburtenregelung ist eine authentische, d.h. mit Amtsautorität vorgetragene, aber nicht unfehlbare Entscheidung. Sie fordert grundsätzlich die bereitwillige Annahme durch die katholischen Christen ...
Im vergangenen Jahr haben wir ... auf die Notwendigkeit und den Verpflichtungsgrad von Aussagen des kirchlichen Lehramtes zu Fragen des christlichen Lebens hingewiesen. Dabei haben wir auch die Möglichkeit nicht ausgeschlossen, dass ein katholischer Christ aus ernst zu nehmenden Gründen glaubt, von einer nicht mit Unfehlbarkeit verkündeten Entscheidung des kirchlichen Amtes abweichen zu sollen. Offensichtlich sind viele gewissenhafte Katholiken, Priester und Laien, davon überzeugt, dass für sie in der Frage der Methoden der Geburtenregelung dieser Fall gegeben ist. Wie immer, so fordert auch hier die Gewissensbildung die Überwindung subjektiver Willkür und die persönliche Bereitschaft zur kritischen Selbstprüfung. Andererseits muss die ernsthaft verantwortete Gewissensentscheidung von allen geachtet werden.«

Gewissensfragen

Ein erster Fall: Kirchenasyl

Spiegel: CDU-Politiker drohen den Kirchen mit der Staatsgewalt, falls sie weiterhin Ausländern, die abgeschoben werden sollen, Asyl gewähren. Herr Bischof, dürfen Ihre Gläubigen Flüchtlinge verstecken?

Lehmann: Weder im weltlichen noch im kirchlichen Recht gibt es ein »Kirchenasyl«. Es kann aber durchaus sein, dass ein Christ, seinem Gewissen folgend, in Konflikt gerät mit staatlichen Regelungen und Flüchtlinge bei sich beherbergt. Dies muss jeder sehr sorgfältig prüfen und bereit sein, mögliche Folgen seines Handelns zu tragen.

Spiegel: Mehr als 200 evangelische und katholische Gemeinden im ganzen Land wollen von Abschiebung bedrohte Menschen beherbergen – mit Zustimmung des Oberhirten?

Lehmann: Die Behörden kommen wohl unvermeidlich in die Situation, dass sie angesichts der großen Zahl der Asylbewerber die einzelnen Fälle recht schematisch behandeln. Die Einzelfallprüfung kann dabei trotz ehrlichen Bemühens der Beamten zu kurz kommen. Dies war seit Beginn der Debatte um ein neues Gesetz unsere Sorge. Es ist darum denkbar, dass der Bürger, der unmittelbaren Kontakt zu einem Flüchtling hat, im Einzelfall besser beurteilen kann, ob Abschiebung eine reale Gefahr darstellt. Meist geht es darum, dass der Fall angesichts zusätzlicher Informationen erneut geprüft wird. Kommt jemand nach gewissenhafter Prüfung zu dem Ergebnis, dass er einen Menschen vor Gefahr schützen muss, hat er das Recht, sich ausnahmsweise gegen staatliche Anordnungen zu stellen. Es heißt nicht, dass man grundsätzlich dem Staat das Recht abspricht, in dieser Frage Regelungen durchzusetzen. Soweit ich das überblicke, hat es auch in keinem Fall leichtfertiges Handeln gegeben.

Spiegel: Sie predigen Ungehorsam gegenüber der weltlichen Obrigkeit?

Lehmann: Es geht nicht um eine grundsätzliche Auseinandersetzung zwischen Kirche und Politik. Selbstverständlich hat die Politik das Recht, ihren Bereich zu regeln. Aufgabe der Kirche ist es, immer dort mahnend einzugreifen, wo sie fundamentale Rechte von Menschen verletzt sieht. Insofern ist die Diskussion über das »Kirchenasyl« auch eine Anfrage an die Politik, ob die dort getroffenen Regelungen ausreichen, um die Menschen, die zu uns gekommen sind, zu beschützen und vor Verfolgung, Folter oder gar Tod zu bewahren. Politik und Kirche sollten sich gemeinsam um die besten Lösungen bemühen. Eine staatliche Rechtsnorm kann nicht immer das sittlich Gebotene in vollem Maße umsetzen.

Spiegel: Die Innenminister nennen das Verhalten der Gemeinden Rechtsbruch und wollen notfalls die Polizei schicken.

Lehmann: Kirchen sind kein rechtsfreier Raum. Die Polizei hat auch grundsätzlich Zutritt. Es besteht ja kein Zweifel, dass es sich beim Verstecken eines Menschen, der von der Polizei gesucht wird, um Rechtsbruch handelt. Für die Kirche stellt sich aber die Frage, ob eine solche Handlung sittlich vertretbar ist. Ich glaube, dass es Situationen geben kann, in denen jemand aufgrund seiner Gewissensentscheidung und nach reiflicher Überlegung zu dem Ergebnis kommt, dass er – um eines höheren Gutes willen – gegen die bestehenden Regelungen verstoßen muss. Insofern haben beide Recht, aber es bleibt eine Anfrage an die bestehenden rechtlichen Regelungen.

Fragen

- Wie beurteilen Sie das Verhältnis von geltendem Recht und Gewissen in unserem Staat?
- Halten Sie die Gewährung von Kirchenasyl für eine sinnvolle Möglichkeit der Hilfe für Menschen, die von der Abschiebung bedroht sind?
- Welche Maßnahmen müsste die Kirche weiter ergreifen?

Vgl. auch:
Deutscher Erwachsenenkatechismus Bd. II, 72.

Ein zweiter Fall: Ferntourismus

In den letzten Jahren haben immer mehr Urlauber ihre Ferienreise ins Ausland gemacht. Die Ankünfte deutscher Touristen in Ländern des Südens sind von 1980 bis 1990 von 1,73 auf 2,67 Millionen, also um 54 Prozent gestiegen (ohne Türkei) und wachsen weiter. Mit der notwendigen Einsparung an Rohstoffen und Energie ist diese Entwicklung nicht vereinbar.
Ferntourismus ist aber inzwischen zu einem wichtigen Wirtschaftsfaktor für viele der ärmeren bis armen Länder des Südens geworden. Für 22 der weniger entwickelten Länder (nach der Klassifizierung der UNCTAD) machen diese Einkünfte mehr als 20 Prozent ihres Bruttosozialproduktes aus (Jamaica 28 Prozent, Malediven 75 Prozent). Für 11 der 47 ärmsten Länder der Erde lag das Verhältnis der Deviseneinnahmen aus dem Tourismus zu den Exporterlösen bei über 40 Prozent; Samoa nahm aus dem Tourismus sogar eineinhalbmal mehr ein als aus den gesamten Exporten.
Blieben die Urlauber aus, würde das diese Länder hart treffen. Also ist zu überlegen: Welche Arten von Ferntourismus sollten eingestellt werden, welche können erhalten bleiben? Wie kann Tourismus in die Länder des Südens einigermaßen umwelt- und sozialverträglich werden?

Vgl. auch:
Deutscher Erwachsenenkatechismus Bd. II, 330-337.

Zeugnistag

Ich denke, ich muss so zwölf Jahre alt gewesen sein,
und wieder einmal war es Zeugnistag.
Nur diesmal, dacht' ich, bricht das Schulhaus samt Dachgestühl ein,
als meines weiß und hässlich vor mir lag.
Dabei war'n meine Hoffnungen keineswegs hoch geschraubt,
ich war ein fauler Hund und obendrein höchst eigenwillig. Doch trotzdem hätte ich nie geglaubt,
so ein totaler Versager zu sein, ein totaler Versager zu sein.

So, jetzt ist es passiert, dachte ich mir, jetzt ist alles aus,
nicht einmal eine Vier in Religion.
Oh Mann, mit diesem Zeugnis kommst du besser nicht nach Haus,
sondern allenfalls zur Fremdenlegion.
Ich zeigte's meinen Eltern nicht und unterschrieb für sie,
schön bunt, sah nicht schlecht aus, ohne zu prahlen.
Ich war vielleicht 'ne Niete in Deutsch und Biologie,
dafür konnt' ich schon immer ganz gut malen.

Der Zauber kam natürlich schon am nächsten Morgen raus,
die Fälschung war wohl doch nicht so geschickt.
Der Rektor kam, holte mich schnaubend aus der Klasse raus,
so stand ich da, allein, stumm und geknickt.
Dann ließ er meine Eltern kommen, lehnte sich zurück,
voll Selbstgerechtigkeit genoss er schon die Maulschellen für den Betrüger, das missratene Stück –
»Diesen Urkundenfälscher, ihren Sohn!«
»Diesen Urkundenfälscher, ihren Sohn!«

Mein Vater nahm das Zeugnis in die Hand und sah mich an
und sagte ruhig: »Was mich anbetrifft,
so gibt es nicht die kleinste Spur eines Zweifels daran,
das ist tatsächlich meine Unterschrift.«
Auch meine Mutter sagte: Ja, das sei ihr Namenszug,
gekritzelt zwar, doch müsse man verstehn,
dass sie vorher zwei große schwere Einkaufstaschen trug.
Dann sagte sie: »Komm, Junge, lass uns gehn.«
»Komm, Junge, lass uns gehn.«

Ich hab' noch manches lange Jahr auf Schulbänken verlor'n
und lernte widerspruchslos vor mich hin,
Namen, Tabellen, Theorien, von hinten und von vorn –
dass ich dabei nicht ganz verblödet bin!
Nur eine Lektion hat sich in den Jahr'n herausgesiebt,
die eine nur aus dem Haufen Ballast:
Wie gut es tut zu wissen, dass dir jemand Zuflucht gibt,
ganz gleich, was du auch ausgefressen hast,
ganz gleich, was du auch ausgefressen hast.

Ich weiß nicht, ob es rechtens war, dass meine Eltern mich
da rausholten. Und wo bleibt die Moral?
Die Schlauen diskutier'n, die Besserwisser streiten sich.
Ich weiß es nicht, es ist mir auch egal.
Ich weiß nur eins: Ich wünsche allen Kindern auf der Welt
und nicht zuletzt natürlich dir, mein Kind,
wenn's brenzlig wird, wenn's schiefgeht, wenn die Welt zusammenfällt:
Eltern, die aus diesem Holz sind,
Eltern, die aus diesem Holz geschnitten sind.

Reinhard Mey

5. Kapitel
Wie entscheide ich im Konfliktfall richtig?

Kriterien für gut und böse

Medientipp:

Kurzspielfilm aus der Reihe »Alles Alltag«: »Lasst mich nicht allein – Ungewollte Schwangerschaft«, 30 Min. (F), BRD 1994, Erich Neureuther [Reg.] ; SWF [Prod.] (VIDEOFILM)
Inge Fuhrmann erwartet – ungewollt – ihr drittes Kind. Haushalt, Beruf und das Sparen auf eine Eigentumswohnung lassen ein drittes Kind kaum zu. Ihr Mann Rainer drängt sie zur Abtreibung, während sie selbst noch zögert. Als sie sich nach vielem Beraten und Gesprächen doch für das Kind entscheidet, kann ihr Mann das weder verstehen noch akzeptieren. Die Ehe gerät in eine schwere Krise.

Literaturhinweise:

Pierre Wolff: Den Gefühlen trauen und den Kopf gebrauchen. Die Kunst der Entscheidung nach der Methode des Igantius von Loyola, Freiburg/Basel/Wien (Herder) 1996.
Ein Arbeits- und Erfahrungsbuch, das Kriterien vorstellt, in einem geistlichen Prozess Entscheidungen zu finden.

Deutscher Erwachsenenkatechismus, Band 2:
Normen als Gebot Gottes und als Gebot derVernunft (S. 98-102)
Menschenrechte als Maßstab für ein menschenwürdiges Leben (S. 105-111)

Zur Einführung

Was ist schwerer als zu einer richtigen, verantwortlichen Entscheidung zu kommen? Oft treffen unterschiedliche Interessen aufeinander, die jeweils für sich gesehen ihre Berechtigung haben. Oft ist es schwer, die Folgen abzusehen, die der eine oder der andere Weg nach sich zieht. Oft konkurrieren auch verschiedene Werte miteinander, so dass man gezwungen ist, einen von ihnen zu vernachlässigen. Oder man muss von zwei Übeln das geringere wählen und diese Wahl verantworten.

Die Zehn Gebote und die Bergpredigt geben in solchen Situationen eine erste Orientierung. Sie bieten allgemeine Hinweise, nach denen wir uns richten können. Letztlich aber sind wir, wenn es um die konkrete Situation und den einzelnen Fall geht, auf unser eigenes Gewissen und unser eigenes Urteil verwiesen. Wir selbst müssen entscheiden, welcher Weg der richtige ist, welcher falsch ist, welchen wir vorziehen wollen und welchen wir verwerfen.

Doch nach welchen Kriterien beurteilt eigentlich unser Gewissen in der konkreten Situation, ob eine Entscheidung ethisch verantwortet werden kann oder unverantwortlich ist? Das Gewissensurteil ist ja nicht einfach ein spontanes Gefühl, sondern beruht auf Gründen, die man auch benennen kann. Welche Kriterien lassen sich ausmachen? Gibt es eventuell auch so etwas wie ein Grundprinzip der Ethik, einen Maßstab also, mit Hilfe dessen man überprüfen kann, ob eine Entscheidung richtig oder falsch ist?

Aber, es stellen sich noch mehr Fragen: Wird eine Entscheidung nur im Kopf getroffen? Spielt nicht auch die jeweilige Lebenserfahrung eines Menschen eine ganz wichtige Rolle? Ist nicht auch unser Gefühl bei jeder Wahl ganz wesentlich beteiligt? Und hat nicht letztlich auch unser Glaube, unsere Weltanschauung Einfluss auf die Weise, wie wir urteilen und uns entscheiden?

Über all diese Fragen gilt es sich Rechenschaft zu geben, wenn man bewusster verantwortet entscheiden und handeln will. Was bewegt mich selbst in meinen alltäglichen Entscheidungen ebenso wie in den großen Lebensentscheidungen wie etwa Berufswahl, Partnerwahl, Wahl der Lebensform, Erziehung der Kinder, Wahl der politischen Richtung?

Im nachfolgenden Kapitel möchten wir zum Nachdenken über diese Fragen anregen.

Wie komme ich zu einer Entscheidung?

Meinungen und Erfahrungen

Für mich ist unheimlich wichtig, wer eine Entscheidung mitträgt: ob ich zum Schluss möglicherweise allein dastehe. Ich suche mir also sozusagen Verbündete. Ich frage mich von Anfang an: Wer ist außer mir mitbetroffen, und wen ziehe ich ins Vertrauen?

Konflikte mache ich in der Regel mit mir selbst aus: Ich wäge alle Möglichkeiten ab und stelle mir vor, wie z.B. jemand urteilen würde, von dem ich viel halte. Wenn's schief geht, bin ich dann selbst verantwortlich, gebe keinem anderen die Schuld.

Ich habe beruflich ganz bestimmte Ziele. Dazu habe ich ca. 10 Jahre Zeit. Entscheidungen fälle ich unter diesen Rahmenbedingungen. Wenn ich diese Ziele durch irgendwelche Entscheidungen aufs Spiel setze, lüge ich mir ehrlich gesagt in die Tasche.

Ich habe mittlerweile so meine Prinzipien. Die kennen die Leute um mich herum. Sie können einschätzen, wie ich mich verhalte, im Zweifelsfall. Für mich gilt: Hart, aber gerecht – auch gegen mich selbst.

Schwierige Entscheidungen treffe ich meist spontan. Was ich tue, muss mit mir innerlich übereinstimmen. Wenn ich von Anfang an kein gutes feeling bei einer Sache habe, dann lasse ich sie gleich.

Mit jeder Entscheidung verändere ich auch die Gesellschaft, in der ich lebe. Ich frage mich deshalb, wo ich eigentlich politisch stehe, wenn ich mich so oder so verhalte.

Fragen

- Was wird in diesen Äußerungen jeweils als Maßstab der Entscheidung angegeben?
- Wie beurteilen Sie diese Maßstäbe? Reichen sie aus? Was muss noch hinzukommen, damit die Entscheidung verantwortlich getroffen wird?
- Welche Kriterien würde ich selbst für eine verantwortliche Entscheidung angeben?

Worauf sollen wir hören, sag uns, worauf?

1. Wor-auf sol-len wir hö-ren, sag uns, wor-auf? So vie-le Ge-räu-sche, wel-ches ist wich-tig? So vie-le Be-wei-se, wel-cher ist rich-tig? So vie-le Re-den! E i n Wort ist wahr.

2. Wohin sollen wir gehen, sag uns, wohin? / So viele Termine, welcher ist wichtig? So viele Parolen, welche ist richtig? So viele Straßen! / E i n Weg ist wahr.

3. Wofür sollen wir leben, sag uns, wofür? / So viele Gedanken, welcher ist wichtig? So viele Programme, welches ist richtig? So viele Fragen! / Die Liebe zählt.

T: Lothar Zenetti
M: Peter Kempin
1971
Textrechte:
J. Pfeiffer Verlag,
München

Wie würden Sie entscheiden?

Karin L. (23) aus Erfurt, alleinerziehende Mutter von Kevin (3) ist »schwer vermittelbare Arbeitslose«, seit ihr Betrieb und der Kinderhort zugemacht haben. Als gelernte Zerspanungstechnikerin findet sie keine Anstellung mehr. Ihre Schwester, die seit zwei Jahren in Westdeutschland lebt, vermittelt ihr eine Stelle als Zahntechnikerin in Köln. Karins Eltern bieten ihr an, Kevin während der zweijährigen Umschulung zu sich zu nehmen, da in Köln weder Wohnung noch Kindergartenplatz in Aussicht sind. Karin findet ein Zimmer, zögert aber, die Lehrstelle anzutreten: Sie kann Kevin nur am Wochenende nach vier Stunden Autofahrt sehen. Durch ein Gespräch mit der Schwester erhofft sie sich Klärung.

Bert S., Computerfreak, hat vor zwei Jahren seine Lehre als Großhandelskaufmann in einer internationalen Chemiehandelsgesellschaft abgeschlossen. Aufgrund seiner Begabung in Informatik ist er bald abteilungsübergreifend Ansprechpartner für die ständigen Probleme mit neuer Systemsoftware. Durch die Medien erfährt er, dass seine GmbH im Verdacht steht, Giftgasbestandteile über Belgien in den mittleren Osten verkauft zu haben. Ein Ermittlungsverfahren wird kurz darauf aus Mangel an Beweisen eingestellt. Bert recherchiert auf eigene Faust und erhält Zugang zu Daten, die einige seiner Vorgesetzten eindeutig belasten. Er ist schockiert und unschlüssig. Schließlich teilt er zwei älteren Kollegen, denen er vertraut, sein Wissen mit.

Ein Automobilkonzern plant den Bau einer Teststrecke in einem ländlichen Gebiet. Da Abfindungen in Millionenhöhe und neue Arbeitsplätze in Aussicht gestellt werden, begrüßen fast alle Grundstückseigner und der Gemeinderat der betroffenen Ortschaft das Vorhaben. Doch das Projekt droht zu scheitern: Nina H., die vor zwei Jahren mit ihrem Verlobten den elterlichen Hof übernommen hat, will nicht verkaufen. Sie ist gegen die Versiegelung einer Landschaft, die seit Generationen von ihrer Familie bewirtschaftet wird. Im Ort gerät sie zunehmend in Isolation, erhält anonyme Drohungen, aber auch Unterstützung durch eine Initiative, die aus ökologischen Gründen die Teststrecke ablehnt. Konzern und Gemeinderat wollen ihr ein neues Angebot unterbreiten.

Eigene Entscheidungssituation:

Das Kriterium verantwortlicher Entscheidung

Einem anderen Menschen absichtlich Schmerz zufügen ist böse. Aber ein Arzt muss oft Schmerz verursachen, um auf die Dauer vor noch größeren Schmerzen zu schützen. Offenbar gibt es verantwortbare Handlungen, bei denen man dennoch ein Übel in Kauf nehmen muss. Vielleicht kann man sogar sagen, dass es in überhaupt allen menschlichen Handlungen eine Gewinn- und eine Verlustseite gibt. Für jeden Gewinn ist auch ein Preis zu zahlen. Aber die Frage ist, wie hoch der Preis sein darf. Welche Übel darf man in Kauf nehmen? Und wann wird eine Handlung umgekehrt durch das in ihr zugelassene und verursachte Übel zu einer unverantwortlichen und damit schlechten Handlung? Gibt es vielleicht sogar Handlungen, die immer und in jedem Fall schlecht sind?

Was eine unverantwortliche Handlung ist, kann man sich grundsätzlich und am besten am Begriff des »Raubbaus« klarmachen. Weil Walfang einträglich ist, werden die Wale ausgerottet. Um für sich selbst oder die eigene Gruppe einen Vorteil zu gewinnen, wird der gleiche Vorteil auf die Dauer und im Ganzen unmöglich gemacht. Solche Handlungen sind »*kontraproduktiv*«. Im Ganzen und auf die Dauer untergräbt man gerade den Gewinn, den man auf kurze Sicht und in begrenztem Umfang zu erreichen sucht. Die Gesamtbilanz solchen Handelns ist negativ; es verursacht insgesamt nur Schaden, und deshalb ist es in sich und in jedem Fall schlecht.

Umgekehrt kann es sein, dass man in begrenztem Maß einen Schaden verursachen oder zulassen muss, gerade um den entgegengesetzten Gewinn zu erreichen oder wenigstens noch mehr Schaden zu verhindern. Zum Beispiel ist eigentlich Anwendung von Zwang und Gewalt gegen andere Menschen ein Übel. Aber gegen Räuber und Mörder kann die staatliche Gewalt das letzte Mittel sein. Gewalt anzuwenden ist dann zulässig, wenn sie das einzige Mittel ist, noch mehr Gewalt zu verhindern.

Bedeutet das, dass in einem solchen Fall »der gute Zweck das böse Mittel heiligt«? Darf man etwas Böses tun, um Gutes zu erreichen? Aber tut ein Arzt wirklich etwas Böses, um Gutes zu erreichen, wenn er einem Patienten mit einer fortgeschrittenen Blutvergiftung das Bein amputiert, um sein Leben zu retten? Böse ist eine Handlung nur dann, wenn sie bereits in sich selbst die Struktur des Raubbaus hat. Eine solche Handlung kann man nicht nachträglich dadurch heilen, dass man sie zur Ermöglichung einer anderen guten Handlung benutzt. Wer Holz in der Weise des Raubbaus gewinnt, kann die Unverantwortlichkeit seines Handelns nicht dadurch aufheben, dass er den Erlös an die Armen verteilt.

„SO LEBEN WIR, SO LEBEN WIR, SO LEBEN WIR ALLE TAGE..."

Ob ein Handeln die Struktur des Raubbaus hat und damit kontraproduktiv ist, ist oft nicht schon auf den ersten Blick festzustellen. Ein Beispiel dafür ist die Erfindung des Insektizids DDT. Mit dieser Chemiekalie hat man in weiten Gebieten die Malariamücke ausrotten können. Damit hat man vermutlich vielen Millionen Menschen eine höhere Lebenserwartung verschafft. Es hat ungefähr zwanzig Jahre gedauert, bis sich herausstellte, dass DDT in der Natur nur sehr schlecht abgebaut wird; es gelangt schließlich in den Nahrungskreislauf des Menschen und wird für ihn selber schädlich. So erweist sich eine wahllose Anwendung von DDT als letztlich kontraproduktiv. Aber es handelt sich um eine Kontraproduktivität, die wie manche Krankheiten erst nach einer »Inkubationszeit« an den Tag tritt.

Unsere menschliche Verantwortung besteht darin, auch auf solche unerwarteten Rückmeldungen aus der Wirklichkeit einzugehen und aus Schaden klug zu werden. Ich meine, dass alle moralischen Normen letztlich auf diese Weise entstanden sind und sich auch nur so begründen lassen. Es gibt viele Normen, die erst in einer bestimmten geschichtlichen Situation entstehen. Wenn es früher zur Bekämpfung von Tuberkulose nur ein Medikament gab, das gleichzeitig als üble Nebenwirkung Magenreizungen verursachte, dann war es erlaubt, dieses Medikament zu verwenden. Aber man war verpflichtet, nach einer besseren Lösung zu suchen. Und seitdem es bessere Medikamente ohne solche Nebenwirkungen gibt, ist es unerlaubt, das bisherige Medikament weiterzuverwenden. Oder dass der Straßenverkehr geordnet werden muss, um Unfälle zu vermeiden, ist erst notwendig, seit es schnelle Autos gibt. So gibt es durchaus einen geschichtlichen Wandel von sittlichen Normen.

Ein besonderes Problem entsteht noch dadurch, dass die Folgen unseres Handelns immer mehr durch das Handeln anderer mitbestimmt werden. Jemand will auf der Autobahn den idealen Sicherheitsabstand einhalten. Uneinsichtige Autofahrer schieben sich dann immer wieder dazwischen, und es entstehen erst recht gefährliche Situationen. Um dies zu vermeiden, ist man oft genötigt, mit geringerem Sicherheitsabstand zu fahren. Einem solchen Übelstand können wohl nur gesamtgesellschaftliche Maßnahmen wie Gesetze und die Überwachung ihrer Einhaltung grundsätzlich abhelfen. Inzwischen wird ein verantwortungsbewusster Fahrer doch versuchen, dem idealen Sicherheitsabstand möglichst nahe zu kommen, anstatt seinerseits »mit den Wölfen zu heulen«.

Viele überlieferte Normen sind heute jungen Menschen wenig einsichtig. Denn sie werden meist ohne ihre eigentliche Begründung überliefert. Dann wirken sie nur wie ärgerliche Verbote, sozusagen wie das rote Licht von Ampeln, von denen man nicht wüsste, dass auf der anderen Seite »Grün« ist. Aber so wie das »verkehrsbehindernde« rote Licht nur dazu da sein darf, dass der Verkehr im Ganzen umso flüssiger geht, gilt: Um Verbote einsichtig zu machen, ist immer zu erläutern, welcher positive Wert damit gefördert werden soll und tatsächlich gefördert wird. Zum Beispiel lassen sich die Normen der Sexualmoral eigentlich nur dann einsehen, wenn man erfasst, dass sie dem Ideal einer gelungenen Ehe dienen wollen, in der sich Menschen für immer einander anvertrauen und darin ihr Glück finden.

Peter Knauer

Grundregel für alle sittlichen Entscheidungen:

> **Handle so, dass du nicht gerade den Wert, den du jeweils suchst, auf die Dauer und im Ganzen zerstörst oder anderen Werten unnötig opferst.**

Die Rolle der Erfahrung

Verantwortliche Entscheidungen werden nicht in einem luftleeren, abstrakten Raum getroffen, sondern in ganz konkreten, lebensgeschichtlich bedingten Situationen und im Hinblick auf ganz konkrete Menschen. Sie werden nicht einfach aus fest bestehenden Grundsätzen abgeleitet. Die Erfahrung mit der konkreten Situation spielt vielmehr eine wichtige Rolle. Sie gehört mit zu den Quellen, aus denen sich das ethische Handeln speist. Drei Bedeutungen der Erfahrung lassen sich nennen.

Für eine verantwortliche Entscheidung ist es wichtig, sich *in die Lage derjenigen zu versetzen*, um die es geht und die von meiner Entscheidung betroffen sind. So kann man oft bei der Diskussion um den § 218 hören, man müsse sich erst einmal in die Lage der betroffenen Frau versetzen. Dasselbe wird als Argument auch in der Diskussion um Euthanasie und Sterbehilfe angeführt, wenn gesagt wird, es gäbe Fälle, in denen es das Mitleid fordere, dem Leiden ein Ende zu setzen.
Es geht also darum, sich in die Situation der Betroffenen einzufühlen, sich von ihr selbst existentiell betreffen zu lassen. Das Gefühl spielt hier also eine ganz wichtige Rolle bei der Entscheidung.
Eine solche Einfühlungsregel ist auch die so genannte »Goldene Regel«: »Alles, was ihr also von anderen erwartet, das tut auch ihr ihnen!« (Matthäus 7,12) oder das Sprichwort: »Was du nicht willst, dass man es dir tue, das füge auch keinem anderen zu!«
Allerdings ist all dem auch hinzuzufügen, dass man für eine verantwortliche Entscheidung sich in die Lage *aller* Beteiligten versetzen sollte.

Die zweite Bedeutung von Erfahrung ist, dass für viele Entscheidungen *Sachwissen* vorausgesetzt ist.
Im Blick auf die Diskussion um Sterbehilfe und Organspende ist es etwa wichtig zu wissen, was der Hirntod genau ist. Im Blick auf Fragen der sozialen Gerechtigkeit ist es notwendig, Kenntnisse über volkswirtschaftliche Zusammenhänge zu haben.

Aber auch die Kenntnis der Folgen einer Handlung ist – drittens – Sache der Erfahrung. Ob etwa ein radikal gesetzliches Verbot der Gentechnik wirklich dazu führt, dass die damit verbundenen Risiken und Gefahren ausgeschaltet sind, oder ob nicht unter Ausschluss der Öffentlichkeit und unter sehr viel riskanteren Bedingungen weitergeforscht wird, ist eine Frage der Erfahrung. Dasselbe gilt für die gesetzliche Regelung des § 218: Welche Regelung ist so, dass sie das Ziel, die Abtreibungsrate möglichst zu senken, am besten erreicht?

Vom besseren barmherzigen Samaritan

Da geht der Samaritan ein zweites Mal nach Jericho, fand einen zweiten Verwundeten, las ihn ein zweites Mal auf. Ging ein drittes, ein viertes, ein fünftes Mal den gleichen Weg und fand jedesmal einen Verwundeten. Er ging hundertmal und fand hundertmal. Ging tausendmal und fand tausendmal ... Und immer an der gleichen Stelle.

Als er zum 2333. Male von Jerusalem nach Jericho ging, dachte er bei sich: Es liegt bestimmt wieder einer da ... und stolperte darüber ..., holte dann, wie üblich, den üblichen Vorrat aus der Satteltasche und begann mit üblicher Sorge, diesen neuesten, 2333. Verwundeten übungsgemäß zu salben und zu wickeln, um ihn abschließend – weil Übung den Meister macht – mit einem einzigen Ruck auf den Esel zu verladen, der auch sofort davonlief, in üblicher Richtung auf die Herberge, und dort auch richtig ankam, der Esel mit dem Verwundeten ..., diesmal bloß zu zweit, ohne den Samaritaner.

Der Samaritaner war nämlich in der Wüste geblieben, um dort zunächst einmal ein Räubernest auszuspionieren ... Als er über seinen 2333. Verwundeten stolperte, war ihm nämlich plötzlich die Erleuchtung gekommen ..., dass es eine bessere Qualität von Barmherzigkeit sei, sich vorsorglich, und zwar resolut, mit dem Räubernest zu befassen, statt nachträglich Heftpflaster auszuteilen. Er merkte sich das Rezept. Und war von da ab mit immer weniger Arbeit ein immer besserer barmherziger Samaritan.

Wie der Glaube meine Entscheidungen prägt

Ethische Entscheidungen werden so getroffen, dass sie allgemein mit vernünftigen Gründen verantwortbar sind. – Dann aber bleibt die Frage: Welchen Einfluss hat der christliche Glaube auf unsere konkreten Entscheidungen im Alltag? Welche Bedeutung hat er für unser Handeln?

Sicher ist es nicht so, dass uns der Glaube die Entscheidung selbst abnimmt. Die Bibel ist kein ethisches Rezeptbuch. Dies zeigt sich, wenn wir etwa auf die Zehn Gebote oder die Bergpredigt schauen. Und dennoch nimmt der Glaube Einfluss auf die Weise, wie wir uns entscheiden. Das kann einsichtig werden, wenn wir uns auf unseren grundlegenden Zugang zur Welt, zu den anderen Menschen, zu uns selbst besinnen:

In unserer westlichen Gesellschaft ist dieser grundlegende Zugang zur Welt und zum Menschen heute weitgehend von der Technik geprägt, von der Vorstellung, dass alles machbar und organisierbar ist. Diese Vorstellung prägt etwa – um nur ein Beispiel zu nennen – weitgehend unsere Einstellung zur Krankheit und zur Medizin. Krankheit ist etwas, was von der Medizin behoben werden, was abgestellt werden muss. Der menschliche Aspekt des Leidens, der hinter der Krankheit steht, wird oft nicht mehr gesehen oder nicht ertragen. Weitere Beispiele ließen sich leicht aus dem Bereich der Arbeitswelt anführen. Auch hinter der Problematik der Gentechnik, der Umweltverantwortung und vieler anderer Bereiche wird diese technische Grundeinstellung spürbar. Auch der Umgang mit Sexualität ist häufig von diesem Zugang zur Welt und zum(r) anderen geprägt.

Vom christlichen Glauben her wird ein solcher technischer Zugang fragwürdig. Der Glaube stellt demgegenüber den Menschen als Mitmenschen in den Mittelpunkt und sieht den angemessenen Zugang zur Welt und zum Leben in der Gemeinschaft mit den anderen und der Schöpfung. Im Glauben sieht man die Welt nicht nur als Material, sondern als Gabe Gottes, mit der wir Menschen in Dankbarkeit und mit Sorgfalt umgehen sollen. Entsprechend aber wird dann meine Entscheidung im Einzelfall eventuell anders aussehen als die Entscheidung dessen, der lediglich einen technischen Zugang zur Welt hat.

Aufgaben

- Versuchen Sie, weitere Beispiele für den technischen Zugang zur Welt und zum anderen Menschen zu finden. Versuchen Sie, die Beispiele möglichst konkret auszumalen und die damit verbundenen Probleme zu benennen.
- Welche Grundeinstellung lässt sich vom christlichen Glauben – gerade im Blick auf diese konkreten Beispiele – her benennen?

Gibt es eine weibliche Ethik?

Für konkrete ethische Entscheidungen ist immer auch das Grundverständnis prägend, das wir von der Wirklichkeit haben. So führt etwa eine religiöse Sichtweise der Welt zu anderen Gewichtungen und Wertungen und damit auch zu anderen Entscheidungen als eine materialistische Weltsicht. Wenn dies aber so ist, gibt es dann nicht auch bei Frauen und Männern ein unterschiedliches Verständnis und eine unterschiedliche Zugangsweise zur Wirklichkeit? Gibt es nicht so etwas wie eine weibliche und eine männliche Ethik?

Vertreterinnen der Feministischen Theologie haben in verschiedenen Ansätzen eine solche weibliche Ethik näher beschrieben. Dabei soll vor allem die gegenseitige Ergänzung der einen Sichtweise durch die andere, aber auch ihre gegenseitige Angewiesenheit aufeinander verdeutlicht werden. Die beiden folgenden Texte geben dazu einen ersten Einblick:

Es gibt »zwei Arten des Unterteilens, zwei verschiedene Sichtweisen in moralischen Fragen – die eine traditionell verknüpft mit Männlichkeit und der öffentlichen Welt gesellschaftlicher Macht, die andere mit Weiblichkeit und der Intimsphäre des Privatlebens«.

»Der moralische Imperativ (der Frauen ...) ist das Gebot der Anteilnahme, eine Verantwortung, die ›wirklichen und erkennbaren Nöte‹ dieser Welt wahrzunehmen und zu lindern. Für Männer erscheint der moralische Imperativ eher als ein Gebot, die Rechte anderer zu respektieren und dadurch das Recht auf Leben und Selbstverwirklichung zu schützen.«

(Carol Gilligan)

Es gibt »nicht zwei Moralsysteme (...), eines für Männer und eines für Frauen (wie wir leicht anzunehmen bereit sind), sondern (...) die Moral (ist) selber zweigeschlechtlich (...) wie der Mensch (...). Es gelten nicht für jedes Geschlecht von vornherein andere Werte (...), – so Fürsorglichkeit nur für Frauen, Tapferkeit nur für Männer oder Ähnliches, sondern die gleichen Werte bedeuten je nach Geschlecht Verschiedenes, beziehen sich auf andere Praxen, verlangen ein anderes Verhalten. (...) Männlich verstanden kreist (die Moral) um das Eigentum und weiblich um den Körper.«

(Frigga Haug)

Fragen

- Versuchen Sie, unterschiedliche Zugangsweisen zur Wirklichkeit bei Frauen und Männern zu benennen. Gibt es solche Unterschiede?
- Würden Sie unsere Technik und unser Wirtschaftssystem und die damit heute verbundenen ethischen Probleme auf eine männliche Zugangsweise zur Welt zurückführen?
- Verraten die Wege, wie heute mit den Problemen der Technik und der Wirtschaft umgegangen wird, männliche Zugangsweisen? Würden Frauen mit diesen Fragen anders umgehen?

Zwei Fälle zur Diskussion

Ein erster Fall: Gentechnik – verbieten oder zulassen?

Der Baustop seiner Gentechnikanlage und die Berufung eines hessischen Landestierschutzbeauftragten veranlaßt den Frankfurter Chemiekonzern Hoechst, Forschungsinvestitionen in der Bundesrepublik in Frage zu stellen. Hoechst-Chef Wolfgang Hilger befürchtet, wegen des noch immer nicht beschlossenen Gesetzes zur Genforschung in der Bundesrepublik international ins Hintertreffen zu geraten. Das befürchtete Verbot von Tierversuchen in der Arzneimittelforschung bewegt den Konzernchef darüber hinaus zu der Überlegung, »ob es nicht besser sei, Forschung gleich woanders zu betreiben«.

Bei der Herbstpressekonferenz in Frankfurt am Main ließ Hilger nicht erkennen, in welchem Umfang Hoechst bereits Investitionen für Forschungen aus der Bundesrepublik abgezogen hat oder wann für Hoechst der Zeitpunkt kommen wird, um sich verstärkt andernorts zu engagieren. »Wir gehen mit bestimmten Programmen bereits dorthin, wo die beste Musik gespielt wird«, sagte Hilger mit dem Hinweis, dass die 100 Gramm Jahresproduktion gentechnischer Substanzen ohne Probleme mit Luftpostbrief von Japan in die Bundesrepublik geschickt werden können.

Aus: HAZ (1989) 5, Nr. 268 v. 16.11.1989

Konferenzpause in Lindau: »Halten Sie die Gefahren der Genmanipulation nicht auch für übertrieben, Herr Kollege?«

Fragen

- 1989 wurde in der Bundesrepublik ein Gentechnikgesetz in Kraft gesetzt, das strengere Bedingungen für die Durchführung gentechnischer Experimente vorsah. Wie ist die Reaktion der Hoechst-Führung vor diesem Hintergrund zu erklären?
- Welche gesetzliche Regelung der Gentechnik könnte eine solche Reaktion am besten verhindern?
- Welche Maßnahmen wären wichtig, um das Risiko bei gentechnischen Versuchen möglichst gering zu halten?

Vgl. auch:

Deutscher Erwachsenenkatechismus Bd. II, S. 298-302.
Zur Achtung vor dem Leben, Maßstäbe für Gentechnik und Fortpflanzungsmedizin (EKD Texte 85).

Ein zweiter Fall: Paragraph 218 – verschärfen oder liberalisieren?

Am 26. Juni 1992 hat der Deutsche Bundestag nach vierzehnstündiger Debatte in zweiter und dritter Lesung den so genannten »Gruppenantrag« als Neuregelung der §§ 218-219 StGB angenommen. Es handelt sich um eine Fristenregelung mit Beratungspflicht. Am 10. Juli wurde dem Antrag auch vom Bundesrat zugestimmt.

Ein strittiger Punkt darin war und ist die Regelung, dass innerhalb einer Frist von zwölf Wochen ein von der Schwangeren verlangter und von einem Arzt vorgenommener Schwangerschaftsabbruch dann »nicht rechtswidrig« sein soll, wenn die Schwangere sich mindestens drei Tage vor dem Abbruch in ihrer Not- und Konfliktlage hat beraten lassen.

Von der Beratung heißt es dabei: Sie »dient dem Lebensschutz durch Rat und Hilfe für die Schwangere unter Anerkennung des hohen Wertes des vorgeburtlichen Lebens und der Eigenverantwortung der Frau. Die Beratung soll dazu beitragen, die im Zusammenhang mit der Schwangerschaft bestehende Not- und Konfliktlage zu bewältigen Die Beratung umfasst die Darlegung der Rechtsansprüche von Mutter und Kind und der möglichen praktischen Hilfen, insbesondere solcher, die die Fortsetzung der Schwangerschaft und die Lage von Mutter und Kind erleichtern.« (§ 219, 1)

Fragen

- Wie ist dieses Gesetz Ihrer Meinung nach zu beurteilen? Aufgrund welcher Kriterien wäre es als verantwortlich oder unverantwortlich zu beurteilen?
- Wäre es Ihrer Meinung nach für die ethische Beurteilung dieses Gesetzes relevant, wenn die Zahl der tatsächlich durchgeführten Abtreibungen niedriger ausfiele oder gleich bliebe?
- Die Deutsche Bischofskonferenz hat nach dieser Neuregelung des § 218 überlegt, aus der Schwangerschafts-Konfliktberatung auszusteigen. Welche Gründe sprechen dafür, welche Gründe sprechen dagegen?

Vgl. auch:

Deutscher Erwachsenenkatechismus Bd. II, S. 290-292.
Gott ist ein Freund des Lebens, S. 65-101.

Menschenwürde und Menschenrechte von allem Anfang an (Hirtenwort der Deutschen Bischöfe, 1996).

6. Kapitel
Dürfen sich Normen und Werte wandeln?
Die Rolle der Erfahrung

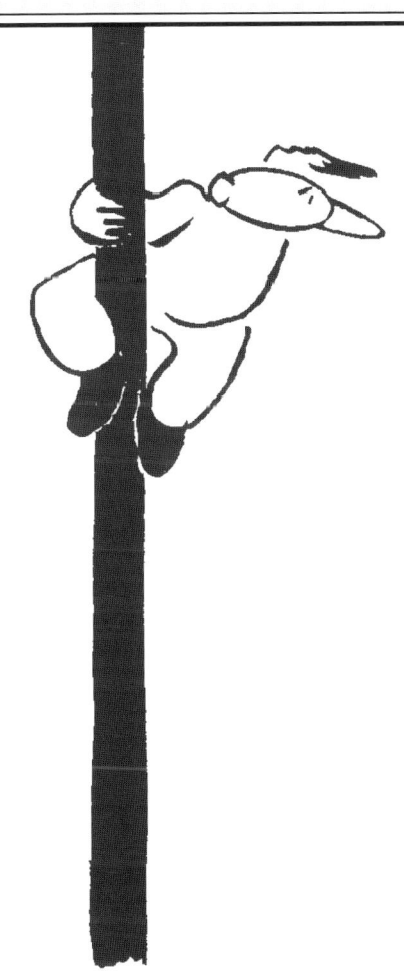

Medientipp:

Zeichentrickfilm »Das Dorf«, 15 Min (F), Großbritannien 1992, Mark Baker [Reg.] (VIDEOFILM)
Der Animationsfilm zeigt die Bewohner eines Dorfes, welche zwieträchtig miteinander leben. Heuchelei, Verleumdung, Raffgier, Neid, Missgunst, Faulheit und Ausgrenzung spiegeln die moralische Haltung dieser Menschen. Nur der Gärtner, ein Außenseiter, ist ehrlich und sympathisch. Eines Tages geschieht ein Mord, der dem Gärtner angelastet wird. Er soll hingerichtet werden, doch gelingt ihm rechtzeitig die Flucht. Die filmische Darstellung bietet eine Fülle Diskussionsmaterial und regt auf verschiedenen Ebenen Fragestellungen über Normen und Werte, Ethik und mitmenschliche Gemeinschaft an.

Literaturhinweise:

Erwachsenenbildung. Vierteljahresschrift für Theorie und Praxis, Heft 2/1994 (Schwerpunktthema)
Unter dem Titel »Identitätskrise in der pluralistischen Gesellschaft« reflektieren verschiedene Autoren Normen- und Wertewandel in der gegenwärtigen Zeit. Aus den Beiträgen lassen sich – insbesonders wegen der Aktualität der Inhalte – vielfältig Anregungen für die Weiterarbeit ableiten.

Deutscher Erwachsenenkatechismus, Band 2: Normen: Einschränkung oder Ermöglichung von Freiheit? (S. 92-97)
Normen als Gebot Gottes und als Gebot der Vernunft (S. 98-105)

Zur Einführung

In unserer Gegenwart scheinen viele Zeitgenossen daran zu leiden, dass es keine verbindlichen Normen und Werte mehr gibt. Unser Alltag und unsere Gesellschaft sind heute so differenziert, so unübersichtlich und vielgestaltig geworden, dass verbindliche und daher alle verbindende Grundregeln des Zusammenlebens immer mehr zu verschwinden scheinen.

Die Vielfalt der Lebensmöglichkeiten und Biographien, die ungeheure Fülle von Lebensbereichen, an denen wir heute teilnehmen können, ist gewiss eine gewaltige Chance für uns. Sie gibt einen riesigen Spielraum für die eigene individuelle Lebensgestaltung. Andererseits aber bedeutet sie für viele auch eine Überforderung und führt zu einer Orientierungslosigkeit im Blick auf Normen und Werte, die unser Leben stützen, leiten und erfüllen könnten. Alles scheint relativ zu sein. Es gibt keinen gültigen Anspruch mehr, der uns ganz einfordert und damit auch unserem Leben Sinn zu geben vermag.

Ethik – so scheint es – müsste es demgegenüber mit festen, unwandelbaren Grundsätzen und Regeln menschlichen Verhaltens zu tun haben. Sie müsste es doch sein, die uns in der Fülle der Möglichkeiten, wie Menschen ihr Leben gestalten, eine klare Richtung angibt, in die wir gehen müssen, damit unser Leben gelingt.

Doch, ist die Tatsache, dass sich Normen und Werte, Verhaltensweisen und Lebensentwürfe der Menschen wandeln, wirklich etwas Negatives? Muss diese Entwicklung unbedingt bedeuten, dass ethische Grundsätze relativiert und damit letztlich aufgelöst werden? Kann es nicht ebenso gut sein, dass ein Wandel von Normen und Werten notwendig ist, weil sich die Wirklichkeit selbst, die Bedingungen unseres Lebens, die gesellschaftlichen Verhältnisse und unser Wissen und Können ändern? So sehr heute bisherige und auf Erfahrung beruhende Grundsätze oft über Bord geworfen werden – lässt sich nicht auf der anderen Seite auch beobachten, dass in vielen anderen Bereichen, etwa im Blick auf Umwelt, Weltwirtschaft, Technik, Wohlstand, das Gefühl der Verantwortlichkeit erwacht, dass neue Werte und Herausforderungen gesehen und zur Geltung gebracht werden?

Im folgenden Kapitel wollen wir uns mit der Frage nach der Berechtigung des Normen- und Wertewandels beschäftigen.

Erfahrungen

Ballspielen auf dem Hof
und in der Einfahrt
ist untersagt!

•

Rauchen verboten!

•

Unbefugtes Betreten
der Baustelle ist verboten!
Eltern haften für ihre Kinder.

Haus**ordnung**
Straßenverkehrs**ordnung**
Schul**ordnung**
Strafgesetz**ordnung**
Sitz**ordnung**
...
Ordnungshüter
Ordnungsliebe
Ordnungsmacht
...
Recht und **Ordnung**
Zucht und **Ordnung**
...

Aufgaben

- Setzen Sie die diversen Ordnungs-reihen/-schilder fort.
- Nennen Sie Beispiele für Regeln, die sie als ungerecht oder unnötig empfinden.
- Welche Ordnungs-(Verkehrs-)Schilder) fallen Ihnen spontan zum Thema »Kirche« ein?

Immer schön in der Reihe bleiben.
Immer schön in der Reihe bleiben.
Immer schön in der Reihe bleiben.
Immer schön in der Reihe bleiben.
Immer schön in der Reihe bleiben.
Immer schön in der Reihe bleiben.
Immer schön in der Reihe bleiben.
Immer schön in der Reihe bleiben.
Immer schön in der Reihe bleiben.
Immer schön in der Reihe bleiben.
Immer schön in der Reihe bleiben.
Immer schön in der Reihe bleiben.
Immer schön in der Reihe bleiben.
Immer schön in der Reihe bleiben.
Immer schön in der Reihe bleiben.
Immer schön in der Reihe bleiben.
Immer schön in der Reihe bleiben.
Immer schön in der Reihe bleiben.
Immer schön in der Reihe bleiben.
Immer schön in der Reihe bleiben.
Immer schön in der Reihe bleiben.
Immer schön in der Reihe bleiben.
Immer schön in der Reihe bleiben.
Immer schön in der Reihe bleiben.
Immer schön in der Reihe bleiben.
Immer schön in der Reihe bleiben.
Immer schön in der Reihe bleiben.
Immer schön in der Reihe bleiben.
Immer schön in der Reihe bleiben.
Immer schön in der Reihe bleiben.
Immer schön in der Reihe bleiben.
Immer schön in der Reihe bleiben.
Immer schön in der Reihe bleiben.
Immer schön in der Reihe bleiben.
Immer schön in der Reihe bleiben.

Klagen aus verschiedenen Zeiten

Unsere Jugend liebt den Luxus, sie hat schlechte Manieren, missachtet die Autorität und hat keinen Respekt vor dem Alter. Die heutigen Kinder sind Tyrannen. Sie stehen nicht mehr auf, wenn ein älterer Herr das Zimmer betritt, sie widersprechen ihren Eltern, sie schwätzen in Gesellschaft anderer, schlürfen beim Essen, tyrannisieren ihre Lehrer.

Ich habe keine Hoffnung mehr für die Zukunft unseres Volkes, wenn sie von der leichtfertigen Jugend von heute abhängig sein sollte. Denn diese Jugend ist ohne Zweifel unerträglich, rücksichtslos und altklug. Als ich noch jung war, lehrte man uns gutes Benehmen und Respekt vor den Eltern. Aber die Jugend von heute will alles besser wissen und ist immer weit mit dem Munde vorweg.

Meine gar nicht lieben Kinderchen machen in schwerem Schulstress. Und abends stresst sie die Diskothek. Es stresst sie überhaupt alles. Und ihre Leiden tragen sie vor sich her in dicker Gesellschaftsverdrossenheit. Man hilft ihnen zu wenig. Man beachtet sie zu wenig. Man fordert sie zu sehr.

Weil die Zehn Gebote die Grundpflichten des Menschen gegenüber Gott und dem Nächsten zum Ausdruck bringen, sind sie ihrem Wesen nach schwerwiegende Verpflichtungen. Sie sind unveränderlich, sie gelten immer und überall.
(KKK Nr. 2072)

Wenn einer alleine träumt

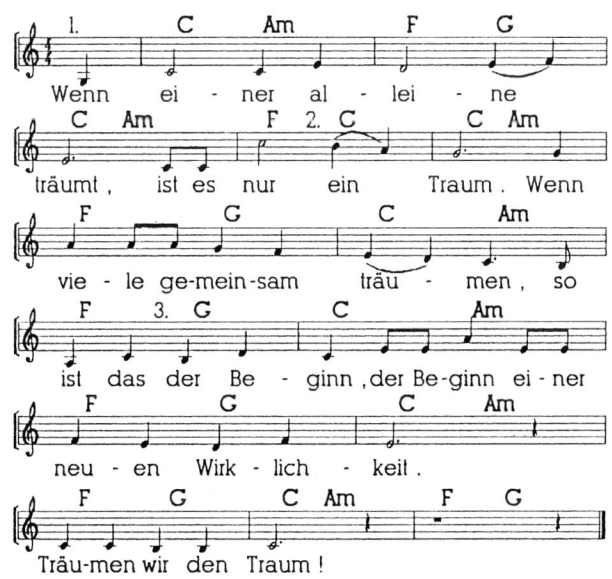

T: Dom Helder Camara; M: Ludger Edelkötter. Aus: Herr, gib uns Deinen Frieden. Alle Rechte: Impulse Musikverlag Ludger Edelkötter, 48317 Drensteinfurt

Die Geschichte vom Laternenanzünder

Auf dem fünften Planeten begegnete der kleine Prinz einem Laternenanzünder, der nichts anderes zu tun hat, als jede Minute die Laterne zu entzünden und wiederum zu löschen. Der kleine Prinz fragt nach dieser ihm sinnlos erscheinenden Beschäftigung und erhält vom Anzünder die Antwort: »Die Weisung ist eben die Weisung. ... Ich tue da einen schrecklichen Dienst. Früher ging es vernünftig zu. Ich löschte am Morgen aus und zündete am Abend an. Den Rest des Tages hatte ich zum Ausruhen und den Rest der Nacht zum Schlafen ... Die Weisung wurde nicht geändert ... Das ist ja das Trauerspiel! Der Planet hat sich von Jahr zu Jahr schneller gedreht, und die Weisung ist die gleiche geblieben ... Und jetzt, da er in der Minute eine Umdrehung macht, habe ich nicht mehr eine Sekunde Rast. Jede Minute zünde ich einmal an, lösche ich einmal aus!

Aus:
Antoine de Saint-Exupéry,
Der kleine Prinz

Fragen

- Wie hat die Weisung gelautet, die der Laternenanzünder erhalten hatte? Welchen Sinn hatte sie?
- Ist diese Weisung als solche sinnlos geworden?
- Was macht diese Geschichte über die Wandelbarkeit und Verbindlichkeit ethischer Normen klar?

Normen in der Krise

Wir fragen heute nicht mehr nur: Handeln wir gemessen an der überkommenen und uns vorgegebenen Moral und ihrer Normen vernünftig? Entsprechen wir diesen Normen? Sondern wir fragen darüber hinaus: Sind diese Normen unserer Moral, die unser Handeln bisher regelten und die wir selbst dort noch als unbestritten gültig anerkannten, wo wir sie nicht befolgten, sind diese Normen selbst noch vernünftig? Es gibt nicht nur ein an gegebenen Normen orientiertes gutes und schlechtes Handeln, sondern auch gute und schlechte Normen und Gesetze, Weisungen, Gebote, Institutionen, die das Handeln normieren. Indem wir aber so zu fragen beginnen, setzen wir bereits voraus, dass die Moral und ihre Normen nicht wie ein blind verhängtes Fatum über uns regieren; moralische Normen lassen sich in Frage stellen. Das aber bedeutet doch, wir erkennen sie als unsere eigenen funktionalen Schöpfungen. Die Moral ist ein Kunstprodukt der menschlichen Vernunft, erdacht und durchgesetzt von Menschen für Menschen. Diese ihre Herkunft teilt sie mit allen anderen Hervorbringungen des Menschen; mit der Sprache, von der niemand behaupten würde, sie sei unmittelbares Naturgewächs, mit den Deutungen und Theorien über unsere Welt und ihren Sinn, und schließlich mit den technischen Gestaltungen, vom Faustkeil bis zum Computer. Dabei wird nicht bestritten, dass dies alles seine naturalen Voraussetzungen, Bedingtheiten, Notwendigkeiten und Unbeliebigkeiten hat. Aber sie sind Produkte des Menschen. Sie sind samt und sonders Artefakte. Das gilt auch für die Moral.

Wenn wir wissen, dass moralische Normen unser Werk sind, dann kann es nicht nur ein Gehorsamsverhältnis vor diesen Normen geben, sondern dann muss es auch eine Gestaltungsverantwortung für sie geben. Es geht dann nicht mehr nur darum, moralische Normen gut zu erfüllen, sondern auch darum, moralisch gute Normen zu machen.

Wilhelm Korff

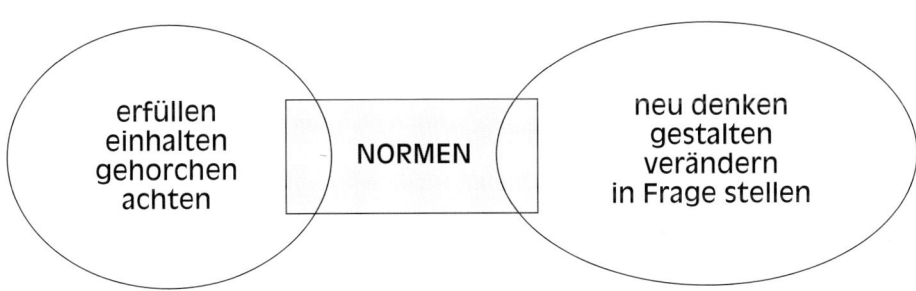

Normenwandel in der kirchlichen Ethik

Beispiel: Organspende

Als 1954 erstmals Organstransplantation möglich war und eine Mutter eine ihrer Nieren opferte, um dadurch das Leben ihres todkranken Kindes zu retten, reagierte die Kirche zunächst spontan von ihrer Tradition des Naturrechts her mit Ablehnung: Dies sei »Selbstverstümmelung«, damit aber eine in sich schlechte und immer unerlaubte Handlung, die auch durch die gute Absicht nicht gerechtfertigt sei. Mit der Organspende hatte sich – so wurde damals argumentiert – die Mutter ein Verfügungsrecht über ihren Leib und dessen Glieder angemaßt, das allein Gott als dem absoluten Herrn über Leib und Leben zukomme.
Dabei berief man sich auf Pius XI., der in der Enzyklika »Casti connubii« vom 31.12.1930 formuliert hatte, dass die Menschen »keine andere Gewalt über die Glieder ihres Leibes haben als die, welche sich auf ihre natürlichen Zwecke erstreckt, und sie diese nicht zerstören oder verstümmeln noch sie auf andere Weise zu ihren natürlichen Funktionen untauglich machen können ...«

Ein weiteres Beispiel: Zinsnahme

1139 verurteilte das 2. Laterankonzil die Zinsnahme mit folgenden Worten: »Ferner verurteilen wir die abscheuliche und schändliche, von göttlichen und menschlichen Gesetzen durch die Schriften im Alten und Neuen Testament verworfene, jene, sage ich, unersättliche Raffgier der Geldverleiher und schließen sie von jedem kirchlichen Troste aus; wir gebieten, dass kein Erzbischof, kein Bischof oder Abt irgendeines Ordens oder irgendeiner im Orden und Klerus, es sei denn mit höchster Vorsicht, Zinsnehmer aufzunehmen wage, sondern dass sie im ganzen Leben als ehrlos gelten und, wenn sie nicht wieder zu Verstand gekommen sind, des christlichen Begräbnisses beraubt werden.«

Im Weltkatechismus von 1993 heißt es dagegen:
»Organverpflanzung ist sittlich unannehmbar, wenn der Spender oder die für ihn Verantwortlichen nicht im vollen Wissen ihre Zustimmung gegeben haben. Sie entspricht hingegen dem sittlichen Gesetz und kann sogar verdienstvoll sein, wenn die physischen und psychischen Gefahren und Risiken, die der Spender eingeht, dem Nutzen, der beim Empfänger zu erwarten ist, entsprechen.«

Im Deutschen Erwachsenenkatechismus heißt es sogar:
»Die christlichen Kirchen sehen insgesamt in der Organspende eine Möglichkeit, über den Tod hinaus Nächstenliebe zu praktizieren, treten aber zugleich für eine sorgfältige Prüfung der Organverpflanzung im Einzelfall ein.« (DEK, 316)

Vgl. zur ganzen Problematik auch:

Deutscher Erwachsenenkatechismus Bd. II, S. 314-316.
Organtransplantation (DBK und EKD, 1990).

Der bedeutende Moraltheologe B. Häring schreibt demgegenüber 1954:

»Ganz im Unterschied zu früheren Wirtschaftsepochen wird heute das Gelddarlehen in den Händen des Unternehmers zu einer fruchtbaren Sache. In früheren Zeiten wurden ausschließlich unmittelbare Verbrauchsgüter ... als Darlehen gegeben. Heute wird das Gelddarlehen gewöhnlich als Produktionsmittel umgesetzt und hat wegen dieser Umsetzbarkeit teil an der faktischen Fruchtbarkeit der Produktionsmittel ... Da aber beide, Kapital und Arbeit, zum gemeinsamen Werk und Ertrag zusammenwirken, hat auch das Kapital, das im Grunde ›vorgeleistete Arbeit‹ ist, nicht nur auf Grund äußerer Zinstitel, sondern auch als Lohn der Sparsamkeit und in Hinsicht auf seine große volkswirtschaftliche Bedeutsamkeit und Fruchtbarkeit, ein Recht auf seinen Anteil, das heißt auf Zins.«

Ethische Normen – wandelbar und doch absolut gültig

Ethische Normen sind wandelbar.

Die Erzählung vom Laternenanzünder (S. 112) aus dem kleinen Prinzen kann dies anschaulich machen. Die Moralverkündigung auch der katholischen Kirche kennt – entsprechend dem Wandel gesellschaftlicher und kultureller Gegebenheiten – solchen Normenwandel. Das, was richtig und gut ist, kann sich je nach der Situation, je nach gesellschaftlichen und kulturellen Gegebenheiten, ändern. Aber auch der Stand unserer Erkenntnis der Wirklichkeit kann zu einem Normenwandel führen. So ging man etwa, bevor 1827 die weibliche Keimzelle beim Menschen entdeckt wurde, davon aus, dass mit dem Samen bereits der vollständige Mensch gegeben war. Entsprechend wurde Empfängnisverhütung mit Abtreibung gleichgesetzt und ethisch verurteilt.

Der entscheidende Gesichtspunkt aber, durch den ein Wandel ethischer Normen gerechtfertigt wird, ist die Einsicht, dass die Folgen einer Handlung wesentlich für ihre ethische Bewertung sind. Man kann nicht einfach an bestimmten Geboten oder Vorschriften festhalten, ohne die Folgen zu bedenken, die sich aus einem entsprechenden Handeln ergeben. Immer wieder nämlich kommt es vor, dass ein bestimmtes Verhalten, das sich einmal als richtig erwiesen hat, unter gewandelten Umständen, falsch und zerstörerisch wird. Dass es lange Jahre hindurch unproblematisch schien, nach immer mehr Wohlstand zu streben, bedeutet nicht, dass es immer unproblematisch bleiben muss.

Immer wieder müssen deshalb einmal als richtig erkannte Normen überprüft und gegebenenfalls differenziert werden. Die katholische Kirche hat so etwa Ausnahmen vom generellen Tötungsverbot formuliert, aber auch wieder zurückgenommen. Ein bekanntes Beispiel ist die Auffassung, im »gerechten Krieg« sei Töten erlaubt. Das II. Vatikanum hat demgegenüber – angesichts der heutigen Verteidigungstechnik und Waffenarten – die Möglichkeit eines gerechten Krieges wieder grundsätzlich in Frage gestellt und den Krieg im ganzen geächtet. Ein weiteres Beispiel ist der Schwangerschaftsabbruch bei medizinischer Indikation. Während die Kirche aufgrund ihrer überkommenen Moralauffassung die Tötung des Fötus strikt ablehnte und lieber den Tod von Mutter und Kind in Kauf nahm, wird dieser Fall heute nicht mehr als Dilemma empfunden.

Ethische Normen sind absolut gültig.

Ist ein bestimmtes Verhalten erst einmal aufgrund der Folgen als falsch erkannt, gilt das entsprechende Verbot nicht nur dann, wenn es gerade opportun ist oder einem selbst einen Vorteil bringt. Es verpflichtet absolut, auch dann, wenn es unangenehme Folgen oder Nachteile einbringt. Dass die absolute Gültigkeit von ethischen Normen gegen jeden Relativismus betont wird, hat oft seinen Grund darin, den ethischen Anspruch von subjektivem Gutdünken zu unterscheiden.

Immer wieder ist aber auch hervorgehoben worden, dass es bestimmte Verbote gibt, die zu jeder Zeit und überall gültig seien, und dass die entsprechenden verbotswidrigen Handlungen »in sich schlecht« seien. Es seien Handlungen, die auch durch einen noch so guten Zweck nicht gerechtfertigt werden können. So sei es etwa nicht erlaubt zu stehlen, auch wenn man das gestohlene Geld an Arme verteilt. Zu solchen »in sich schlechten« Handlungen werden auch »Abtreibung« und »künstliche Empfängnisverhütung« gerechnet.

Mittlerweile setzt sich im Blick auf diese »in sich schlechten« Handlungen immer mehr folgende Erklärung durch: Es ist richtig, dass »Mord«, »Lüge«, »Diebstahl« immer unerlaubt sind. Von ihrer Wortbedeutung her nämlich bezeichnen sie bereits Handlungen, die keinen ethisch zu rechtfertigenden Grund haben. So meint Mord gerade die Tötung, die sich nicht rechtfertigen lässt. Lüge meint eine Falschaussage ohne einen sie rechtfertigenden Grund. Ebenso meint Diebstahl die Wegnahme fremden Eigentums, ohne dass ein entsprechender Grund vorliegt. Ob es dagegen Tötungen, Falschaussagen oder Wegnahme fremden Eigentums gibt, die gerechtfertigt sind, ist von den Folgen her zu beurteilen. Dies hat die Kirche – zumal beim Tötungsverbot – selbst immer wieder eingeräumt.

Wenn also hervorgehoben wird, dass Lüge oder Diebstahl immer und überall unerlaubt sind, hat das seinen Sinn darin, uns die Unerlaubtheit solcher Handlungen vor Augen zu führen – entgegen der Meinung, man könne je nach persönlichen Vor- oder Nachteilen Ausnahmen von ethischen Normen machen.

Norm – Gesetz – Weisung – Wert

Besser als ›Norm‹ und als ›Gesetz‹ dürfte der Begriff ›Weisung‹ in einen Entwurf theologischer Ethik passen. Weisung gibt man einem Menschen, der sich auf den Weg auf ein Ziel hin begibt. Im Unterschied zu den Begriffen Norm und Gesetz beinhaltet Weisung bereits eine gewisse Dynamik und Lebendigkeit und entspräche in etwa auch dem Bild von der Kompassnadel, die mehr oder weniger genau dem Menschen Ausrichtung auf ein Ziel hin gibt, ohne schon im Einzelnen die Teilziele der Zwischenstationen festzulegen. Wie jede Kompassnadel von den verschiedenen Positionen aus doch immer wieder die gleiche Richtung anpeilt, so konvergieren im christlichen Verständnis letztlich auch alle sittlichen Vorstellungen, Tugenden und Weisungen auf den, der selbst als ›Weg, Wahrheit und Leben‹ (Johannes 14,6) bezeichnet wird.

Gerade weil sich die christliche Moral nicht als eine dem Menschen von außen her auferlegte Ordnung im Sinne einer ›Fremdbestimmung‹ verstehen kann, sondern als dem Menschen zuinnerst zugewiesene und ihm eigentümliche Hilfe zur Existenzverwirklichung und Sinnerfüllung seines Lebens, bietet sich für sie besser der Begriff Weisung an; geht es doch um den aus dem Glauben an Jesus Christus und sein Heilswerk heraus vollzogenen inneren Aufweis des Ziels menschlichen Lebens und Handelns. Das Selbstverständnis einer theologischen Ethik aber wird in besonderer Weise dort sichtbar, wo sie ihre ureigene Funktion erfüllt, dem Menschen für die Verwirklichung seiner Lebensaufgabe aus dem Glauben heraus sittliche Weisungen zu bieten.

Johannes Gründel / Hendrik van Oyen

Worterklärungen

Norm

bedeutet im alltäglichen Sprachgebrauch oft einen nach pragmatischen Gesichtspunkten festgelegten Maßstab (etwa DIN-Norm) oder einen Durchschnittswert (vgl. normal). Im Bereich der Ethik meint »Norm« eine Regel, die das Handeln von Einzelnen oder von Gruppen orientiert. Sie beschreibt nicht nur, wie das Verhalten von Menschen tatsächlich aussieht, sondern schreibt ein bestimmtes Verhalten als gesollt und gut vor. Sie gebietet dieses Verhalten und äußert sich daher zumeist als Gebot oder Verbot.

Wert

meint allgemein das, was wir als gut und erstrebenswert bezeichnen. Der Wert, den ein Gegenstand für einen Menschen darstellt, ist der Grund dafür, dass der Mensch nach ihm strebt, ihn verwirklichen oder besitzen will. In diesem Sinne sind Werte gleichbedeutend mit Gütern (etwa: Leben, Freiheit, Eigentum, Bildung, etc ...).

Davon sind »sittliche« Werte im engeren Sinne zu unterscheiden. Damit sind menschliche Haltungen und Verhaltensweisen gemeint, die der Mensch in seinem Handeln verwirklicht (etwa: Gerechtigkeit, Treue, Solidarität, etc. ...).

Wie lassen sich ethische Normen begründen? Im Blick auf diese Frage haben sich im katholischen und evangelischen Raum verschiedene Modelle entwickelt. Während katholischerseits eine Naturrechtsethik entwickelt wurde, spielte in der protestantischen Theologie eine Situationsethik die entscheidende Rolle.

Wege der Normenbegründung

Situationsethik

Für die Begründung ethischen Verhaltens ist die Situation, in der sich der Handelnde gegenwärtig persönlich befindet, maßgebend. Entscheidungen werden unter Berücksichtigung der einmaligen, unvergleichlichen Gegebenheiten des Augenblicks getroffen.
Im Hintergrund steht der Gedanke, dass der Wille Gottes sich für jeden Menschen je neu und einmalig für sein konkretes Leben erschließt. Zugleich spielt auch die Einsicht eine Rolle, dass man den Anspruch, ethisch zu handeln, ursprünglich in der konkreten Situation der Not eines anderen erfährt.

Gefahren dieses Modells sind:

- Eine ausschließliche Beachtung der Situation, die jeden Grundsatz oder jede Regel in Frage stellt kann leicht in einen Relativismus führen oder zu einer Beliebigkeit, die sich jeder Begründung entzieht.
- Der Versuch, die Situation möglichst genau zu beschreiben und auch ethisch zu bewerten, kann zu einer genauen Reglementierung des gesamten alltäglichen konkreten Lebens führen.

Naturrechtsethik

Bei der Begründung von Normen und Grundregeln ethischen Handelns wird auf ein naturgegebenes Gesetz zurückgegriffen. In der Vernunft des Menschen sind bestimmte Grundregeln des ethischen Verhaltens mitgegeben. Sie werden entdeckt, wenn der Mensch seine Natur betrachtet und seine natürlichen Zielsetzungen berücksichtigt. Konsequenz dieses Modells ist, dass es eine Reihe von immer gültigen und – wie die Natur des Menschen – unveränderlichen ethischen Grundnormen gibt. Dahinter steht der Gedanke, dass für ethische Entscheidungen nicht allein die konkreten Umstände maßgeblich sein können, sondern dass es konstante und objektivierbare Grundregeln geben muss, die ein verlässliches Zusammenleben des Menschen erst möglich machen.

Gefahren dieses Modells sind:

- Eine Überbewertung »natürlicher« Zielsetzungen des Menschen. Gibt es solche Zielsetzungen überhaupt? Wie lassen sie sich erkennen? Belehren uns nicht die Humanwissenschaften, dass die menschliche Natur nicht unveränderlich festliegt, sondern gerade gestaltet werden kann?
- Eine Unbeweglichkeit der Moral, die auch Verhaltensänderungen aus dem Glauben und der Liebe heraus unmöglich erscheinen lässt.

Wandel der Lebensformen –

Zur Diskussion

1. Beispiel: Eheliche und nichteheliche Lebensgemeinschaft

»Die im Bereich des Zusammenlebens von Mann und Frau vielleicht folgenschwerste Veränderung der letzten beiden Jahrzehnte ist verbunden mit dem Aufkommen und der rapiden Zunahme der so genannten nichtehelichen Lebensgemeinschaften. Nach vorsichtigen Schätzungen leben derzeit im früheren Bundesgebiet der Bundesrepublik Deutschland knapp eine Million Paare unverheiratet zusammen. Ihre Zahl hat sich zwischen 1972 und 1990 versiebenfacht. Die meisten dieser Paarbeziehungen sind ... von einem hohen Partnerschaftsideal beseelt. Ein Großteil von ihnen besitzt eheorientierte Motive und ist teilweise sogar schon zur Ehe entschlossen. Weniger als ein Drittel der nichtehelich zusammenlebenden Paare denkt grundsätzlich nicht an Heirat, ja versteht seine Beziehung dezidiert als Alternative zur traditionellen Ehe. ...
Dass es sich bei dieser Entwicklung nicht nur um eine vorübergehende Erscheinung handelt, sondern um einen tiefergehenden Transformationsprozess, bestätigt die Beobachtung, dass dem Wandel im Verhalten auch ein Wandel in der Einstellung entspricht. In dem Maß, in dem die Ehe in ihrer gesellschaftlichen Notwendigkeit in Frage gestellt wird, gewinnt in den siebziger und achziger Jahren das Zusammenleben unverheirateter Paare an sozialer Akzeptanz. Nur mehr 60 Prozent der Bevölkerung ... waren Ende der siebziger Jahre noch von der gesellschaftlichen Notwendigkeit der Ehe überzeugt, mehr als jeder fünfte war unentschieden.«

Hans Günther Gruber

Fragen

- Welche Entwicklungen in unserer Gesellschaft haben zu diesem starken Ansteigen nichtehelicher Lebensgemeinschaften geführt?
- Ein Großteil der nichtehelich zusammenlebenden Paare hat die Orientierung auf Ehe hin (weniger als ein Drittel denkt nicht an Heiraten). Wie schätzen Sie die Bedeutung nichtehelichen Zusammenlebens als Hinweg zur Ehe (Stichwort »Experimentierphase«) ein?
- Wie beurteilen Sie die Forderung nach rechtlicher Gleichstellung verheirateter und nicht verheirateter Paare?
- Welche Probleme und welche Chancen können nichteheliche Gemeinschaften haben?

Vgl. auch:
Deutscher Erwachsenenkatechismus Bd. II, 382-384.
Ja zur Ehe (DBK und EKD, 1981).
Ehe und nichteheliche Lebensgemeinschaften. Positionen und Überlegungen aus der EKD (1985).

2. Beispiel: Der Einfluss der Medien

»Ich glaube, wir sollten uns einmal aussprechen, Benno.«

»Die Wirklichkeit weicht vor uns zurück, entzieht sich uns in geradezu unvorstellbarem Maße. Je mehr Personen und Dinge uns beeinflussen, umso flüchtiger und unwirklicher werden sie für uns. Das allermeiste, mit dem wir uns wohl vertraut wähnen – die UNO-Vollversammlung und die Lawinengefahr, der Nobelpreisträger und das Modehaus Dior, der Papst und der CIA –, werden wir für immer nur vom Hörensagen kennen oder – aus der ›Tagesschau‹. Die ›Tagesschau‹ fungiert – wie das Fernsehen insgesamt – als ›Realitätspräservativ‹ in dem doppelten Sinn, dass sie einerseits die ›risikofreie‹ Kontaktaufnahme mit der Wirklichkeit ermöglicht, dass sie aber andererseits den – unter Umständen folgenreichen – Kontakt mit dem Risiko von ›Lebenszwischenfällen‹ geradezu unterbindet.

Das Fernsehen als das Simulationsmedium par excellence ist nur das Flaggschiff einer ganzen Armada der Entwirklichung; es formt sich, bis in die Details, eine fernsehgerechte Umgebung. Hierzu gehört ebenso die erstaunliche Karriere der so genannten Non-books (Beispiel: Guiness-Buch der Rekorde oder Das magische Auge)... Sein oder Design? – diese Frage ist längst beantwortet: ›Die Bilder sind schöner als die Wirklichkeit‹ – bejubelte die FAZ schon im Sommer 1987 den Großeinsatz des Stadioncomputers bei der Leichtathletik-Weltmeisterschaft in Rom.«

Bernd Guggenberger

Fragen

- Versuchen Sie, den Wandel unseres alltäglichen Lebens durch die Medien zu beschreiben.
- Welche Chancen sehen Sie gerade auch in den neuen Medien (Computer, Internet etc.).
- Wo erfahren wir selbst das, was der Text als »Entwirklichung« bezeichnet?
- Wie wirken sich die Medien auf unser Verhältnis zur Wirklichkeit, zu Dingen und Menschen, und auf unser Verhalten ihnen gegenüber aus?

Vgl. auch:
Die neuen Informations- und Kommunikationstechniken. Chancen, Gefahren, Aufgaben verantwortlicher Gestaltung (EKD 1985).
Chancen und Risiken der Mediengesellschaft (DBK und EKD, 1997).

7. Kapitel

Brauchen wir »neue« Tugenden?

Unser eigener Lebensstil

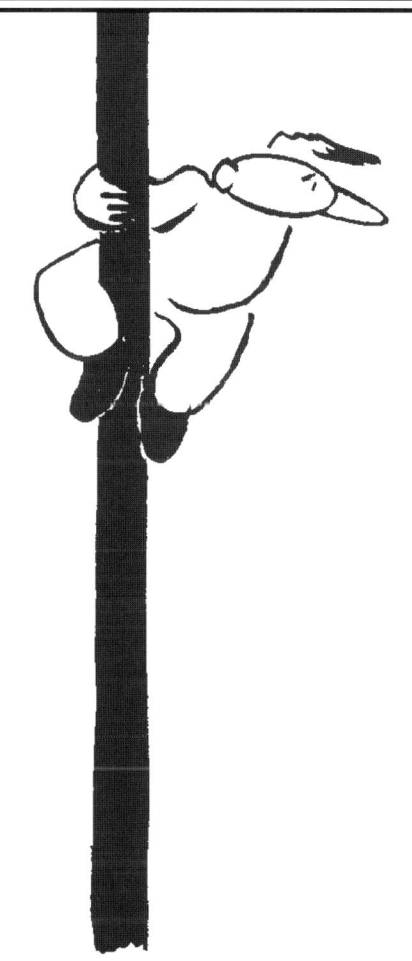

Medientipp:

Trickfilm »Ein guter Tag«, 8 Min (F), Frankreich 1994, Matthias Bruhn [Reg.] (VIDEOFILM)
Ein guter Tag im Leben einer Trickfilmfigur. Für ihren Traum setzt sie sich allen Bosheiten des Lebens entgegen, um am Ende für ein gutes Herz belohnt zu werden. Ein Filmbeitrag über Gewalt, Rassismus, Sehnsüchte und Liebe.

Literaturhinweise:

Carlo Maria Martini: Die Tugenden. Grundhaltungen christlicher Existenz. München/Zürich/Wien (Verlag Neue Stadt) 1997.
Der Erzbischof von Mailand erschließt in lebendiger, bibelnaher Sprache die seit alters her bekannten »Kardinaltugenden« und beleuchtet anschließend den Sinn der drei göttlichen Tugenden »Glaube, Hoffnung und Liebe«. Ein gut lesbares Buch für die Hand der Teilnehmer/innen.

Deutscher Erwachsenenkatechismus, Band 2: Christliche Grundhaltungen (S. 52-75)

Zur Einführung

Tugend – bereits dieses Wort ist für viele heute eher negativ besetzt. Sicher halten wir es für erstrebenswert, Verantwortung zu übernehmen, fair und gerecht zu sein, Zivilcourage zu zeigen und solidarisch zu handeln. Aber wer möchte sich selbst schon als »tugendhaft« bezeichnen? Zu sehr ist dieser Ausdruck, ebenso wie das entsprechende Gegenstück, das Laster, auf Enthaltsamkeit – und hier wieder vor allem auf sexuelle Enthaltsamkeit – eingeschränkt. Nur noch wenige aber können sich heute mit einem solchen Verhalten identifizieren, das schon Wilhelm Busch in der »Frommen Helene« so vortrefflich aufs Korn genommen hat. Nur noch wenige können in solchen Verhaltensweisen einen Sinn erkennen.

Die Rede von Tugenden erinnert aber auch an Preußentum und militärischen Drill, an zwanghafte Pünktlichkeit, Ordnung, Sauberkeit und Fleiß und vor allem an uneingeschränkten Gehorsam gegenüber Autoritäten, alles Verhaltensmuster, die – wie besonders die Zeit der nationalsozialistischen Herrschaft gezeigt hat – pervertiert und zu schlimmen Verbrechen missbraucht werden können.

Dennoch ist heute wieder verstärkt von Tugenden die Rede, von »neuen« Tugenden oder von neuen ethischen Grundhaltungen. Das Bewusstsein wächst, dass wir uns nicht länger aus der Verantwortung heraushalten können. Zu lange haben wir die Regelung sozialer, wirtschaftlicher, pädagogischer und kultureller Probleme dem Staat oder anderen Institutionen überlassen. Zu lange haben wir bedenkenlos den Fortschritt und den Wohlstand entgegengenommen. In einer Zeit aber, in der es in vielen Bereichen zu bedrohlichen Krisen kommt, in der aufgeht, dass sich Solidarität und Menschlichkeit in der Gesellschaft nicht einfach organisieren, planen und technisch-rational herstellen und sichern lassen, wird deutlich, dass wir selbst gefordert sind. Wir können uns nicht länger neutral geben. Wir müssen (wieder) ethische Grundhaltungen entwickeln, um der Gefahr der Katastrophe entgegenzuwirken.

Doch, welche Grundhaltungen, welche Tugenden sind heute notwendig? Sind sie wirklich so neu gegenüber den traditionellen Haltungsbildern? Lässt sich von den klassischen Tugenden nicht etwas für die Bewältigung der Gegenwart lernen? Dies sind Fragen, mit denen wir uns in diesem 7. Kapitel beschäftigen wollen.

Erfahrungen

Halte dich gerade!

Sich regen bringt Segen.

Kopf hoch, auch wenn der Hals schmutzig ist!

Besser reich und gesund als arm und krank.

Nutze den Tag!

Ehrlich währt am längsten.

Was du heute kannst besorgen, das verschiebe nicht auf morgen.

Immer schön in der Reihe bleiben!

Pünktlichkeit ist eine Zierde.

Mit vollem Munde spricht man nicht!

Morgenstund hat Gold im Mund.

Lügen haben kurze Beine.

Geld regiert die Welt.

Ordnung ist das halbe Leben.

Pflicht **ohne Liebe** macht verdrießlich.
Verantwortung **ohne Liebe** macht rücksichtslos.
Gerechtigkeit **ohne Liebe** macht hart.
Freundlichkeit **ohne Liebe** macht heuchlerisch.
Ordnung **ohne Liebe** macht kleinlich.
Ehre **ohne Liebe** macht hochmütig.
Besitz **ohne Liebe** macht geizig.
Glaube **ohne Liebe** macht fanatisch.
Ein Leben **ohne Liebe** ist sinnlos.

Aufgaben

- Setzen Sie die Reihe fort:
- Welche Tugenden (Werte) liegen zugrunde?
- Wie beurteilen Sie die Aussagen?
- Sind diese heute (noch) richtig bzw. wichtig?
- Was halten Sie für erstrebenswert?

Tugenden sind grundlegende Fähigkeiten des Menschen, die schon in der Kindheit entwickelt und aufgebaut werden. Nach Erik H. Erikson lernt schon der Säugling an der Mutterbrust das Gefühl der **Hoffnung**. Diese Hoffnung ist das Ur-Vertrauen darauf, dass das Gute in Form von Liebe, Pflege und Freundlichkeit kommen wird. Kraft dieser Hoffnung entwickelt das Kind dann seinen **Willen**. Es hofft und glaubt, dass es etwas erreichen kann, auch wenn im Leben viele Widerstände zu überwinden sind. Im Laufe der weiteren Entwicklung bildet sich immer stärker die **Zielstrebigkeit** heraus. Das Kind fasst Ziele ins Auge, die über den Augenblick hinausreichen. Die drei Phasen »Hoffnung, Wille und Zielstrebigkeit« bilden nach Erikson die Basis der **Lebens-Tüchtigkeit**, Voraussetzung für alles Können überhaupt. Mit steigendem Alter kommen dann noch die Werte **Treue, Liebe, Fürsorge** und **Weisheit** hinzu.

Eines Tages kam einer

1. Eines Tages kam einer, der hatte einen Zauber in seiner Stimme, eine Wärme in seinen Worten, einen Charme in seiner Botschaft.

2. Eines Tages kam einer,
der hatte eine Freude
in seinen Augen,
eine Freiheit
in seinem Handeln,
eine Zukunft
in seinen Zeichen.

3. Eines Tages kam einer,
der hatte eine Hoffnung
in seinen Wundern,
eine Kraft
in seinem Wesen,
eine Offenheit
in seinem Herzen.

4. Eines Tages kam einer,
der hatte eine Liebe
in seinen Gesten,
eine Güte
in seinen Küssen,
eine Brüderlichkeit
in den Umarmungen.

5. Eines Tages kam einer,
der hatte einen Vater
in den Gebeten,
einen Helfer
in seinen Ängsten,
einen Gott
in seinen Schreien.

6. Eines Tages kam einer,
der hatte einen Geist
in seinen Taten,
eine Treue
in seinen Leiden,
einen Sinn
in seinem Sterben.

7. Eines Tages kam einer,
der hatte einen Schatz
in seinem Himmel,
ein Leben
in seinem Tode,
eine Auferstehung
in seinem Grabe.

T: Alois Albrecht; M: Peter Janssens. Aus: Auf Messers Schneide 1992. Alle Rechte im Peter Janssens Musikverlag, Telgte-Westfalen

---

Verletze niemanden, vielmehr hilf, soviel du kannst, allen.
A. Schopenhauer

**Was du nicht willst, das man dir tu',
das füg' auch keinem anderen zu.**
Goldene Regel

Fragwürdigkeit der Tugend

Arthur Schopenhauer:
Die Stachelschweine
Eine Gesellschaft Stachelschweine drängte sich an einem kalten Wintertage recht nahe zusammen, um durch die gegenseitige Wärme sich vor dem Erfrieren zu schützen. Jedoch empfanden sie die gegenseitigen Stacheln; welches sie dann wieder voneinander entfernte. Wann nun das Bedürfnis der Erwärmung sie wieder näher zusammenbrachte, wiederholte sich jenes zweite Übel, so dass sie zwischen beiden Leiden hin- und hergeworfen wurden. Bis sie eine mäßige Entfernung voneinander herausgefunden hatten, in der sie es am besten aushalten konnten. – Und diese Entfernung nannten sie Höflichkeit und feine Sitte.

Helenchen wächst und wird gescheit
Und trägt bereits ein langes Kleid. –
»Na, Lene! Hast du's schon vernommen?
Der Vetter Franz ist angekommen.«
So sprach die Tante früh um achte,
Indem sie grade Kaffee machte.
»Und, hörst du, sei fein hübsch manierlich
Und zeige dich nicht ungebührlich,
Und sitz bei Tische nicht so krumm
Und gaffe nicht so viel herum.
Und ganz besonders muss ich bitten:
Das Grüne, was so ausgeschnitten –
Du ziehst mir nicht das Grüne an,
Weil ich's nun mal nicht leiden kann.«

Sekundärtugenden:
Ehrlichkeit, Pünktlichkeit, Sauberkeit, Zuverlässigkeit, Arbeitsamkeit, Gehorsam – all dies sind so genannte »Sekundärtugenden«. Damit ist gemeint: Es sind solche Tugenden, die von sich aus noch nicht notwendig auf ein ethisch gutes Ziel hingeordnet sind, sondern auch zu unmoralischen Zwecken missbraucht werden können. Sie müssen erst auf ein ethisches Ziel hingeordnet werden. Dies geschieht durch Primärtugenden, wie etwa Gerechtigkeit. Gerechtigkeit zeichnet sich dadurch aus, dass sie immer auf das ethisch Gute ausgerichtet ist und nicht missbraucht werden kann.

Georg Büchner: Woyzeck
Woyzeck: Ja, Herr Hauptmann, die Tugend, ich hab's noch nicht so aus. Sehn Sie, wir gemeinen Leut, das hat keine Tugend, es kommt einem nur so die Natur; aber wenn ich ein Herr wär und hätt einen Hut und eine Uhr und eine Anglaise und könnt vornehm reden, ich wollt schon tugendhaft sein. Es muss was Schönes sein um die Tugend, Herr Hauptmann. Aber ich bin ein armer Kerl.

Phantasie – Die Mutter der Tugenden

»Psychische Grundlage der neueren Tugenden ist ... nicht mehr der Gehorsam, der sich an Normen misst, der die Schwierigkeiten einer Situation auf sich nimmt, die Ordnung hält und erträgt, was zu ertragen ist, sondern die Phantasie. Sie ist die Mutter der Tugenden von morgen. Jahrhundertelang ist es in der Familie der Tugenden so ähnlich zugegangen wie in den besten Ehen ..., damit das Leben erträglich wurde, mussten die Frauen ihre Männer immer wieder überlisten. So hat auch die Phantasie den Vater Gehorsam immer wieder überlistet, um wenigstens für Augenblicke menschliche Verhältnisse herzustellen. Heute, da der Gehorsam mit der Herrschaft der Väter abdankt, kann die Phantasie mit ihren Kindern ein besseres Reich begründen, weil ihre Energien sich nicht mehr mit der Überlistung aufhalten müssen. Freigeworden, stürzen sie sich in das Abenteuer der Tugend von morgen: Die Erfindung von neuem, anderem Glück. Phantasie ist ins Gelingen verliebt, sie lässt sich etwas einfallen. Sie sprengt den Zwangsmechanismus von Leuten, die sich opfern, und Leuten, die Opfer annehmen müssen. Sie infizieren ihre Umgebung mit Glück.

Es ist ein ethisches System denkbar, in dem alle Tugenden, die unsere Phantasie nicht brauchen, überflüssig werden. Der Gehorsam wird abgelöst. Ordnung, Pünktlichkeit, Sauberkeit und Fleiß – um nur einige Gehorsamstugenden zu nennen – werden nur noch dort Sinn haben, wo sie im Dienst der Einfühlung in den anderen Menschen stehen. Pünktlichkeit gilt nicht als solche für gut, aber die Phantasie weiß, wie Unpünktlichkeit in bestimmten Situationen verletzen kann. Unordnung ist kein Unglück, aber sie kann unsere Spannkraft und Wachheit störend aufhalten. Sie kann Zeit fortnehmen, ja sie kann das Strahlende, das ein Mensch haben kann, verdunkeln. Es ist ein ethisches System denkbar, in dem sich alle Tugenden auf Phantasie gründen. Ich nenne einige dieser neuen Tugenden, die gerade für das nahe Zusammenleben der Menschen im privaten Bereich wichtig werden: die Toleranz und der Humor, der gerechte Zorn und die Einfühlung, die Initiative und die Beharrlichkeit einer produktiven Vorstellungskraft ...

Dorothee Sölle

Warum wir wieder nach Tugenden fragen

Die Redeweise, dass Not Tugenden hervorbringt, hat zwar einen nicht unberechtigten sarkastischen Nebenton, zugleich aber auch einen tieferen Sinn. Denn Tugenden ereignen sich im Bereich des Nicht-Vorhersehbaren, des Nicht-Planbaren, des Nicht-Machbaren, weil sie als sittliche Haltungen nur im Sinne von Selbstverpflichtungen der menschlichen Freiheit denkbar sind. Sie werden also umso mehr zum Bedürfnis, je weniger das Gelingen des Lebens gleichsam von außen hergestellt und garantiert werden kann. Je größer also die Grenzerfahrung an den Möglichkeiten rein struktureller Bewältigung von Notlagen und Krisen, umso mehr wird die Verantwortung eingefordert, die nicht mehr aus dem Zwang, sondern nur aus der Freiheit hervorgehen kann.

Dieser Gedanke darf allerdings nicht dazu führen, durch einen Anspruch an die sittliche Leistung der Bürger über strukturelle Mängel hinwegzutäuschen, statt sich um ihre Änderung zu bemühen. Dieser Gedanke darf ferner nicht dahingehend propagandistisch ausgeschlachtet werden, dass man gar den Grund für strukturelle Mängel in einem Handlungsdefizit der betroffenen Menschen zu sehen versucht. Dennoch: Es gibt Entwicklungen, die das soziale Bedürfnis nach Tugenden gefährden, ja sogar verdrängen können ...

Je mehr die sittliche Grundidee des gelungenen individuellen und sozialen Lebens durch die technologische Herstellbarkeit von Gütern kompensiert erscheinen kann, umso weniger scheint eine sittlich begründete Eigeninitiative notwendig. Das Vertrauen in den technischen Fortschritt, in die ... Planbarkeit der Befriedigung der Grundbedürfnisse, in die Leistungsfähigkeit einer wachstumsorientierten Ökonomie, dies alles kann zu einer fortschreitenden Lähmung der Impulse zur Tugend führen. Der Konsumismus z.B., eine für eine angebotsorientierte ökonomische Wachstumspolitik beinahe notwendige Größe ... mordet ... den Geist, aus dem befreiende Verantwortung entsteht.

Die Grenzerfahrung mit der technologischen und ökonomischen Herstellbarkeit des gelungenen Lebens ist darum eine von den Nöten, die mindestens die Frage nach der Tugend mit hervorbringen. Zunächst freilich, gegen Ende der sechziger Jahre, schien es einen Ausweg zu geben: Man verschob die Frage nach der Herstellbarkeit des gelungenen Lebens auf die neuen Möglichkeiten der Sozialtechnologie, z.B. auf die Bildungsreform, auf die Rechtsreform und auf den Ausbau der sozialen Absicherung. Heute wird immer mehr erkennbar, dass die Protestbewegung der Linken am Ende der sechziger Jahre ... nur auf eine andere, eine mehr sozialtechnologische Weise, an der Herstellbarkeit des gelungenen Lebens orientiert war.

Nach alledem: Warum fragen wir wieder nach den Tugenden? Indirekt geht dies aus der Kontrasterfahrung mit den Modellen der Machbarkeit bereits hervor. Wo die gängigen Rezepte der Krisenlösung erstens bereits bekannt und zweitens bereits in ihren zweideutigen Folgen durchschaut sind, besinnt man sich wiederum auf die aus freier Verantwortlichkeit des Menschen selbst entstehenden Möglichkeiten und sucht sie zu verstärken.

Nun hat aber paradoxerweise die Ausdiffenzierung gesellschaftlich hergestellter Freiheit den Impuls zur kreativen Wahrnehmung konkreter Freiheit eher behindert als entfaltet. Und die motivbildenden Kräfte, Sinn, Vertrauen und Hoffnung, sind durch Verdüsterung, Angst und Resignation weithin gefährdet ... Die Motivationsmängel liegen dabei im Verlust der Anschaulichkeit von Werten. Gerade die materielle Garantie, der persönlich greifbare Erfolg, der z.B. mit Grundwerten wie Freiheit, Solidarität und Gerechtigkeit verbunden schien, verstellte den Blick dafür, dass eine solche Garantie die sittliche Haltung nur scheinbar ersetzen kann.

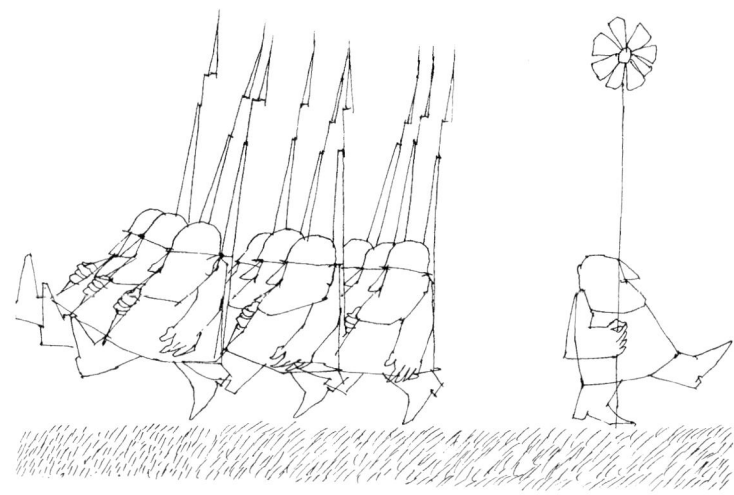

Umso mehr aber sind nicht abstrakte Prinzipien ... gefragt, sondern jene Verbindung des Prinzips mit der Anschaulichkeit der praktisch gelebten Überzeugung ...

Dietmar Mieth

Worterklärung

Tugend
Die menschlichen Tugenden sind feste Haltungen, verlässliche Neigungen, beständige Vollkommenheiten des Verstandes und des Willens, die unser Tun regeln, unsere Leidenschaften ordnen und unser Verhalten der Vernunft und dem Glauben entsprechend lenken.
Sie verleihen dem Menschen Leichtigkeit, Sicherheit und Freude zur Führung eines sittlich guten Lebens. Der tugendhafte Mensch tut freiwillig das Gute.

KKK 1804, vgl. weiterhin DEK 52 f.

Aristoteles über die Tugend

Die Tugend erwerben wir, indem wir sie zuvor ausüben, wie dies auch für die sonstigen Fertigkeiten gilt. Denn was wir durch Lernen zu tun fähig werden sollen, das lernen wir eben, indem wir es tun: durch Bauen werden wir Baumeister und durch Kitharaspielen Kitharisten. Ebenso werden wir gerecht, indem wir gerecht handeln, besonnen durch besonnenes, tapfer durch tapferes Handeln.

Im Bereich der Tugenden geschieht etwas nicht schon dann auf gerechte oder besonnene Weise, wenn sich die Tat irgendwie verhält, sondern erst wenn auch der Handelnde in einer entsprechenden Verfassung handelt: erstens wissentlich, dann auf Grund einer Entscheidung, und zwar einer solchen um der Sache selbst willen, und drit-tens, wenn er im Handeln sicher und ohne Wanken ist.

Die Tugend ist also ein Verhalten der Entscheidung, begründet in der Mitte im Bezug auf uns, einer Mitte, die durch Vernunft bestimmt wird und danach, wie sie der Verständige bestimmen würde. Die Mitte liegt aber zwischen zwei Schlechtigkeiten, dem Übermaß und dem Mangel. ...Bei Furcht und Mut ist die Tapferkeit die Mitte. Beim Übermaß hat dasjenige in der Richtung auf die Furchtlosigkeit keinen eigenen Namen, dasjenige in Richtung auf den Mut heißt Tollkühnheit, das Übermaß der Angst und der Mangel an Mut heißt Feigheit. ...Beim Geben und Nehmen von Geld ist die Mitte Großzügigkeit, Übermaß und Mangel sind Verschwendung und Kleinlichkeit. ...

Aus: Nikomachische Ethik, 2. Buch, 1-7

Kopf des Aristoteles im Kunsthistorischen Museum, Wien. Römische Kopie nach einem griechischen Vorbild um 325 v. Chr.

Tugend als die »Goldene Mitte«

Bereits Aristoteles bestimmt das richtige, tugendhafte Verhalten als eine ihrerseits ›extreme‹ Mitte zwischen den Extremen eines Zuviel oder Zuwenig an Einsatz. So sei Tapferkeit die Mitte zwischen Tollkühnheit und Feigheit. Aristoteles vermag dabei jedoch seine Beobachtung nicht zu erklären, dass das rechte Verhalten doch immer eine größere Nähe zu dem einen Extrem habe; so liege die Tapferkeit näher zur Tollkühnheit als zur Feigheit. Eine Erklärung dafür findet sich erst, wenn man auch vom anderen Extrem her nach einer Benennung für das rechte Verhalten sucht; man findet: Vorsicht. Dann ergibt sich: Tapferkeit ist nur zusammen mit Vorsicht keine Tollkühnheit; Vorsicht ist nur zusammen mit Tapferkeit keine Feigheit. Das rechte Verhalten hat die Struktur, ein ›Möglichst viel‹ an Gewinn zu einem von daher bestimmten ›Möglichst wenig‹ an Verlust zu erstreben, d.h. die Spanne zwischen Gewinn und Verlust zu maximieren.

Diese Struktur eines Viererschemas lässt sich auf alle Verhaltensweisen anwenden (etwa: nicht geizig noch verschwenderisch, sondern großzügig und sparsam; nicht gleichgültig noch fanatisch, sondern eifrig und maßvoll; weder töricht noch schlau, sondern klug und lauter). Allerdings zeigt sich bald, wie wenig entwickelt unsere Sprache für ethische Sachverhalte ist: weithin fehlen geprägte Begriffe für die jeweiligen Glieder solcher Vierergruppen, und es gibt auch keinen Namen für die verschiedenen Vierergruppen selbst.«

Peter Knauer

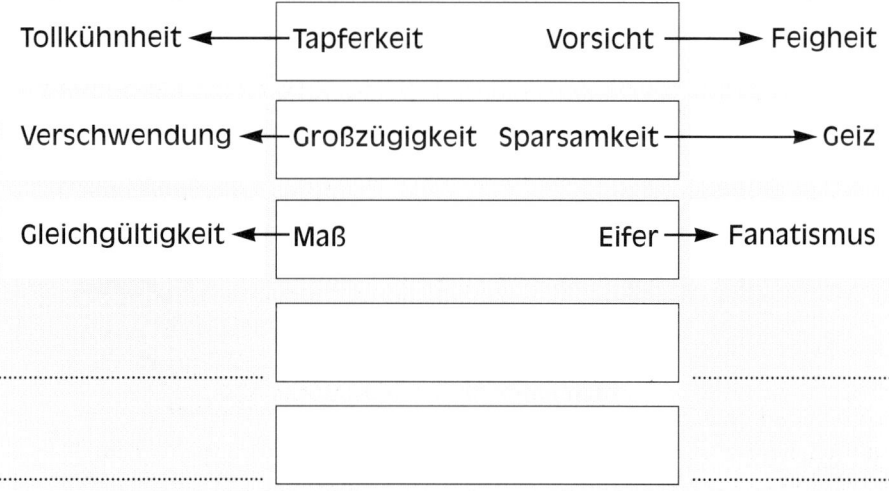

Alte Tugenden – für unsere Zeit

Klugheit

Ivan Steiger

Klugheit meint heute die Offenheit für neue Möglichkeiten. Sie erfordert geistige Beweglichkeit, in der man bereit ist, bisher Erprobtes und Bewährtes nötigenfalls auch hinter sich zu lassen. Sie erfordert Phantasie und Vorstellungskraft, um über das Eingefahrene hinaus alternative Wege zu entdecken.

Die Offenheit für neue Möglichkeiten ist dabei streng auf die Wirklichkeit bezogen. Es kann ihr nicht um das fast immer verheerende und unmenschlich werdende Bemühen gehen, eine Utopie oder einen idealen Zustand sofort, hier und jetzt, unmittelbar zu verwirklichen und durchzusetzen. Die Klugheit zeichnet sich vielmehr dadurch aus, dass sie gerade in der Wirklichkeit, so wie sie ist, nach einem realistischen und praktikablen Weg sucht.

Gerechtigkeit

Gerechtigkeit bedeutet – über das Urteilen nach Paragraphen hinaus – die Fähigkeit, dem einzelnen Menschen in seiner besonderen Lage gerecht zu werden. Dann aber kann die Gerechtigkeit auch in Konflikt mit bloßer Legalität, mit einer rein äußerlichen Gesetzesgerechtigkeit also, führen.

Die Tugend der Gerechtigkeit geht damit aber auch über eine bloße Tauschgerechtigkeit hinaus, in der jeder für sein Engagement einen Gegenwert verlangt. Gerechtigkeit wird sich vielmehr gerade für diejenigen einsetzen, die nicht selbst für ihr Recht eintreten und auch keinen Gegenwert bieten können.

Aufgaben

- Konkretisieren Sie die einzelnen Tugenden weiter. Was beinhalten diese Tugenden noch?
- In welchen Lebensbereichen oder Lebenssituationen sind diese Tugenden für Sie wichtig gewesen?

Tapferkeit

Tapferkeit heißt heute »Courage«. Die Einengung auf den militärischen Bereich ist damit überwunden. Es geht um Ich-Stärke, um Charakterstärke, um Treue zu sich selbst und um Treue im Einsatz und Einstehen für andere. Und es geht um Stehvermögen, auch um Widerstand, wo Unrecht geschieht und die Menschlichkeit in Gefahr ist.

Courage wird dabei nie zum uneinsichtigen Trotz. Aber sie zaudert auch nicht endlos, sondern enthält die Fähigkeit zum Entschluss.

Courage wird dort gebraucht, wo man nicht auf breite Unterstützung und Zustimmung bauen kann, wo man nicht mit selbstverständlichem Einverständnis rechnen darf. Courage ist dort notwendig, wo der Erfolg zweifelhaft ist, wo das Prestige und das Image leiden können.

Mäßigkeit

Maß-halten-Können bekommt heute wieder seinen unverzichtbaren Sinn angesichts der ökologischen Bedrohung unserer Welt. Wir haben uns daran gewöhnt, alles, Dinge und auch Menschen, als unseren Besitz anzusehen, über den wir verfügen können. Nur langsam entdecken wir wieder die Eigenbedeutung, die alles von sich selbst her hat: Diese zeigt sich aber nur, wenn wir wieder lernen loszulassen, Abstand und Abschied zu nehmen, uns zu enthalten. Maß halten bedeutet – jenseits von aller Verkniffenheit, in der man sich an nichts mehr freuen kann –, wahrhaft genießen zu können. Es bewahrt davor, in die Sucht zu verfallen. Maß halten dient damit letztlich unserer Freiheit und Unabhängigkeit.

Aufgabe

- Versuchen Sie noch weitere, heute notwendige Tugenden zu benennen und zu beschreiben.

Herausforderungen

Das Cello

*Er fuhr nach Hause von der Orchesterprobe
er war müde
er dachte sich nichts als sie einstiegen
als sie anfingen zu pöbeln*

*Erst als es leerer wurde
und sie zudringlicher
bekam er es mit der Angst*

*Als sie ihn schlugen
waren nur noch wenige in der S-Bahn
er wehrte sich nicht
da merkten sie wo es wehtat*

*und traten auf den Instrumentensack
dass es nur so krachte*

*Was hat ihnen das Cello getan?
Was hat ihnen der blasse Junge getan?
Und was haben wir ihnen nicht getan?*

Dorothee Sölle

Aufgaben

- Stellen Sie sich vor, Sie fahren mit dem Zug und werden angepöbelt.
- Stellen Sie sich vor, Sie fahren mit dem Zug und im selben Wagen wird ein anderer Fahrgast anders bedrängt und bedroht.
- Stellen Sie sich vor, Sie könnten mit einem der Täter allein sprechen. Was würden Sie ihm sagen? Was würden Sie ihn fragen?

Nichts gelernt

*vom deutschlehrer befragt
nach der bedeutung des wortes
verfremdungseffekt,
entgegnete ein schüler flink:
man könne ja als
DEUTSCHER
zu keiner tages- und nachtzeit mehr
über die straße gehen,
OHNE IRGENDWELCHEN TÜR-
KEN,
GRIECHEN, NA JA JEDENFALLS,
AUSLÄNDERN,
ZU BEGEGNEN, DIE MÜSSTEN
WIEDER WEG*

*auf berichtigung des lehrers
antwortete der schüler:
entschuldigung,
hab beim letztenmal gefehlt,
HONGKONG-GRIPPE ...
(gelachter)*

*beim letztenmal
warst du noch gar nicht
auf der Welt,
dachte da
der lehrer
STUMM*

Rainer Beuthel

Fragen

- Versuchen Sie, die Haltung der Toleranz am Beispiel der Fremdenfeindlichkeit zu beschreiben.
- Welche Haltungen schließt die Toleranz mit ein?
- Worin zeigt sich tolerantes Verhalten?
- Wo hat Toleranz ihre Grenzen?
- Wo wird Toleranz zu Indifferenz und Gleichgültigkeit?
- Wann erfordert Toleranz auch Parteinahme?

UNRUHSTIFTER ZURECHTWEISEN
KLEINMÜTIGE TRÖSTEN SICH DER
SCHWACHEN ANNEHMEN GEGNER
WIDERLEGEN SICH VOR NACH-
STELLERN HÜTEN UNGEBILDETE
LEHREN TRÄGE WACHRÜTTELN
HÄNDELSUCHER ZURÜCKHALTEN
EINGEBILDETEN DEN RECHTEN
PLATZ ANWEISEN STREITENDE
BESÄNFTIGEN ARMEN HELFEN
UNTERDRÜCKTE BEFREIEN GUTE
ERMUTIGEN BÖSE ERTRAGEN
UND ·ACH· ALLE LIEBEN AUGUSTINUS

Walter Habdank

8. Kapitel
Freiheit, die mich handeln lässt
Die Bedeutung des Glaubens für das Handeln

Medientipp:

Trickfilm »Manipulation«, 7 Min (F), Großbritannien 1991, Daniel Greaves [Reg.], Tandem Films London [Prod.] (VIDEOFILM)
Ein Zeichner entwirft ein Männchen. Die Figur gefällt ihm nicht, er zerknüllt das Papier. Das Männchen lässt sich das nicht gefallen und beginnt ein Eigenleben. Der Schöpfer will seine Macht zurückgewinnen, doch der Kampf hat erst begonnen.

Literaturhinweise:

Rudolf Walter [Hrsg.]: Lebenskraft Angst. Wandlung und Befreiung, Freiburg (Herder) 1987.
In 12 lesenswerten Beiträgen gehen verschiedene Autoren konkreten Ängsten des Menschen nach (Angst vor Trennung, Leid, Abschied, Liebe, Tod etc.). Der richtige Umgang mit der Angst kann helfen, sie als befreiende Kraft zu verstehen, die das Leben zum Positiven hin verwandelt.

Deutscher Erwachsenenkatechismus, Band 2: Die Antwort des Glaubens als Ja zu Gott; Grundformen der Vergötzung und Wege geglückten Lebens (S. 157-167)

Zur Einführung

Freiheit gehört für uns Menschen zu den obersten und wichtigsten Werten. Wenn wir unsere Geschichte betrachten, zeigt sich, mit welcher Leidenschaft und mit welchem Einsatz aber auch mit welchen Opfern die Freiheit erkämpft wurde. Es wird daran deutlich, wie wenig selbstverständlich unsere heute weitgehend gegebene Situation ist, in der Freiheit geradezu als selbstverständlich vorausgesetzt und als Recht beansprucht wird.

Andererseits zeigt sich heute aber auch die Doppelgesichtigkeit, die mit der Freiheit verbunden sein kann. Zum einen nämlich sind die äußeren Bedingungen für unsere persönliche Freiheit in einem unerhörten Maß angewachsen. Traditionell vermittelte Konventionen, Sinnüberzeugungen und Wertorientierungen treten immer mehr in den Hintergrund und verlieren damit ihre oft einengende und festlegende Kraft. An ihre Stelle ist eine unübersehbare Vielfalt von Lebensmöglichkeiten und Lebensentwürfen getreten, die alle gleich gültig sind. Die Menschen haben heute – allein durch die Medien und Kommunikationsmittel – immer mehr die Möglichkeit, an den unterschiedlichsten Lebenszusammenhängen teilzunehmen. Zahllose und beliebige Möglichkeiten der individuellen Selbstbestimmung und Gestaltung des Lebens tun sich damit auf.

Zum anderen aber belastet diese ungeheure Freiheit viele Menschen. Der Einzelne steht unter dem Druck, angesichts einer grenzenlosen Fülle von unverbindlichen Angeboten, seine individuelle Lebensform selbst erst gestalten zu müssen. Es kommt zu einer wirklichen Not der Freiheit. Die Freiheit zeigt sich nicht nur in ihrem Wert für den Menschen, sondern macht ihm Angst. Viele Menschen fliehen deshalb vor der Aufgabe, die ihnen ihr Leben stellt. Sie fliehen vor sich selbst und verfehlen darin letztlich die Wirklichkeit ihrer Freiheit. All dies macht deutlich, dass Freiheit nicht einfach ein sicherer Besitz ist, sondern dass wir Menschen sie nur allzu oft verspielen. Zur Freiheit müssen wir erst – wie Paulus es formuliert hat – befreit werden.

Wie kann der christliche Glaube dabei hilfreich sein? Welche Bedeutung hat der Glaube dafür, dass wir unsere Freiheit und die damit zusammenhängende Verantwortung wahrnehmen können? Wie kann uns der Glaube heute aus unseren Unfreiheiten heraushelfen? Diese Fragen sollen für dieses Kapitel leitend sein.

Erfahrungen

Freiheit wird behauptet,
aber auch geleugnet.
Freiheit ist Abwesenheit von Zwang,
aber auch Wahl des Selbst.
Freiheit ist Gehorsam gegen die Natur,
aber auch Tun des Besten.
Freiheit ist Wahl,
aber auch innere Notwendigkeit.
Freiheit ist Unabhängigkeit von Trieben,
aber auch Selbstbestimmung.
Freiheit ist eine Sache der konkreten Existenz,
aber auch die Angelegenheit einer intelligiblen Tat.
Freiheit steht gegen Notwendigkeit,
ist aber auch Einsicht in das Notwendige.
Freiheit ist Freiheit zum Tode,
aber auch Offenstehen für das Sein.
Freiheit ist Selbständigkeit gegenüber Gott,
aber auch Hingabe an Gott.
Freiheit konstituiert das Sein des Menschen,
macht aber auch das Sein Gottes aus.
Kurz:
Von der Freiheit lässt sich in der Betrachtung
der Geschichte der Philosophie und der Theologie
kein einheitlicher Begriff gewinnen.

Wilhelm Weischedel

Freiheit ist die Fähigkeit, sich zu binden und sich zu lösen.

Elmar Gruber

Jeder hat das Recht auf die freie Entfaltung seiner Persönlichkeit, soweit er nicht die Rechte anderer verletzt und nicht gegen die verfassungsmäßige Ordnung oder das Sittengesetz verstößt.

Art. 2, Grundgesetz für die Bundesrepublik Deutschland

Wer befreit ist

2. Wer befreit ist, kann befreien.
   Wer befreit ist, trägt das Kreuz,
   |:schafft das Recht den Verurteilten,
   schafft das Recht und trägt das Kreuz.:|

3. Wer befreit ist, kann befreien.
   Wer befreit ist, trägt das Kreuz,
   |:wird die Kraft den Kraftlosen,
   wird die Kraft und trägt das Kreuz.:|

4. Wer befreit ist, kann befreien.
   Wer befreit ist, trägt das Kreuz,
   |:wird die Hand den Hilflosen,
   wird die Hand und trägt das Kreuz.:|

5. Wer befreit ist, kann befreien.
   Wer befreit ist, trägt das Kreuz,
   |:bringt das Leben den Totgesagten,
   bringt das Leben und trägt das Kreuz.:|

6. Wer befreit ist, kann befreien.
   Wer befreit ist, trägt das Kreuz,
   |:nimmt sich an der Lebenden,
   nimmt sich an und trägt das Kreuz.:|

7. Wer befreit ist, kann befreien.
   Wer befreit ist, trägt das Kreuz,
   |:stirbt am Kreuz wird uns zum Himmel,
   stirbt am Kreuz wird Licht der Welt.:|

T: Hans-Jürgen Netz;
M: Peter Janssen. Aus:
Ehre sei Gott auf der Erde, 1974
Alle Rechte im Peter Janssen Musik
Verlag, Telgte-Westfalen

Ein Christenmensch ist ein freier Herr über alle Dinge und niemandem untertan.

Ein Christenmensch ist ein dienstbarer Knecht aller Dinge und jedermann untertan.

Martin Luther

Freiheit des Menschen Illusion oder Wirklichkeit?

Albert Einstein:

An Freiheit des Menschen im philosophischen Sinne glaube ich keineswegs. Jeder handelt nicht nur unter äußerem Zwang, sondern auch gemäß innerer Notwendigkeit. Schopenhauers Spruch: ›Ein Mensch kann zwar tun, was er will, aber nicht wollen, was er will‹, hat mich seit meiner Jugend lebendig erfüllt und ist mir beim Anblick und beim Erleiden der Härten des Lebens immer ein Trost gewesen und eine unerschöpfliche Quelle der Toleranz. Dieses Bewusstsein mildert in wohltuender Weise das leicht lähmend wirkende Verantwortungsgefühl und macht, dass wir uns selbst und die anderen nicht gar zu ernst nehmen; es führt zu einer Lebensauffassung, die auch besonders dem Humor sein Recht lässt.

Burrhus F. Skinner:

Zusammengefasst vertritt Skinner folgenden Standpunkt: Bestimmte Reize lösen ganz bestimmte Reaktionen aus, die durch die Umwelt positiv oder negativ verstärkt werden. Die zugehörigen Reize werden dann in Zukunft angestrebt oder gemieden – mitsamt den Reaktionen; was sich dabei im Inneren des Menschen abspielt, interessiert nicht (»Black-Box-Methode«). Gesucht werden nach Skinner solche Reize, die mit hoher Wahrscheinlichkeit beim Menschen die innerhalb der Gesellschaft erwünschten Reaktionen auslösen. Probleme, Schwierigkeiten, Nöte, Elend könnten durch eine durchdacht geschaffene Umwelt, die nur Reize biete, die zu erwünschten Reaktionen führten, abgeschafft und vermieden werden.

Nach Skinner braucht sich also nicht die Einstellung des Menschen zu ändern – die Umwelt wird so verändert, dass ihre Reize automatisch zum erwünschten menschlichen Verhalten als Reaktion darauf führen. So wird menschliches Verhalten »durchdeterminiert« und der Mensch zu »automatischer Tugend« abgerichtet. Begriffe wie Freiheit und Würde haben hier keinen Platz, sagt Skinner, ja das Nachdenken darüber störe nur, und deshalb sei deren Propagierung »gewissenlos«.

E. Coreth:

Wenn einer auch theoretisch die Freiheit leugnet, so kann er sich doch in seinem faktischen Leben, im alltäglichen Umgang mit Dingen und Menschen, gar nicht anders verhalten, es sei denn unter Voraussetzung der eigenen Freiheit. Im faktischen Vollzug kommt er ohne seine eigene Freiheit nicht aus, er setzt sie – ob er will oder nicht – immer wieder voraus: wenn er überlegt, Motive des Handelns abwägt und sich für dies oder jenes entscheidet. Ebenso können wir im Umgang mit anderen Menschen uns gar nicht anders verhalten als unter der Voraussetzung ihrer je eigenen Freiheit. Wir sprechen den anderen an; wenn wir ihn zu etwas bewegen wollen, suchen wir nicht mechanisch auf ihn einzuwirken wie auf ein Ding, einen unpersönlichen Gegenstand, sondern wir bemühen uns, ihn durch Rat und Mahnung, durch Vorgabe von Beweggründen usw. zum Einsatz seiner eigenen Freiheit aufzurufen, zur eigenen Entscheidung herauszufordern. Denn wir wissen, dass wir ihn nur durch das Ansprechen und Aufrufen seiner Freiheit zu entsprechendem Verhalten bewegen können. Dies setzt aber die Freiheit des anderen und unser eigenes Wissen um die Freiheit des anderen voraus.

Jean-Paul Sartre:

Wenn wiederum Gott nicht existiert, so finden wir uns keinen Werten, keinen Geboten gegenüber, die unser Betragen rechtfertigen. So haben wir weder hinter uns noch vor uns, im Lichtreich der Werte, Rechtfertigungen und Entschuldigungen. Wir sind allein, ohne Entschuldigungen. Das ist es, was ich durch die Worte ausdrücken will: Der Mensch ist verurteilt, frei zu sein. Verurteilt, weil er sich nicht selbst erschaffen hat, andererseits aber dennoch frei, da er, einmal in die Welt geworfen, für alles verantwortlich ist, was er tut.

Freiheit ist der Zwang, sich zu entscheiden.

Die Botschaft des Paulus
(Galater 5,1-23)

Zur Freiheit hat uns Christus befreit. Bleibt daher fest und lasst euch nicht von neuem das Joch der Knechtschaft auflegen! Hört, was ich, Paulus, euch sage: Wenn ihr euch beschneiden lasst, wird Christus euch nichts nützen.
Ich versichere noch einmal jedem, der sich beschneiden lässt: Er ist verpflichtet, das ganze Gesetz zu halten. Wenn ihr also durch das Gesetz gerecht werden wollt, dann habt ihr mit Christus nichts mehr zu tun; ihr seid aus der Gnade herausgefallen. Wir aber erwarten die erhoffte Gerechtigkeit kraft des Geistes und aufgrund des Glaubens. Denn in Christus Jesus kommt es nicht darauf an, beschnitten oder unbeschnitten zu sein, sondern darauf, den Glauben zu haben, der in der Liebe wirksam ist.

Ihr seid zur Freiheit berufen, Brüder. Nur nehmt die Freiheit nicht zum Vorwand für das Fleisch, sondern dient einander in Liebe! Denn das ganze Gesetz ist in dem einen Wort zusammengefasst: Du sollst deinen Nächsten lieben wie dich selbst! Wenn ihr einander beißt und verschlingt, dann gebt acht, dass ihr euch nicht gegenseitig umbringt. Darum sage ich: Lasst euch vom Geist leiten, dann werdet ihr das Begehren des Fleisches nicht erfüllen. Denn das Begehren des Fleisches richtet sich gegen den Geist, das Begehren des Geistes aber gegen das Fleisch; beide stehen sich als Feinde gegenüber, so dass ihr nicht imstande seid, das zu tun, was ihr wollt. Wenn ihr euch aber vom Geist führen lasst, dann steht ihr nicht unter dem Gesetz.

Die Werke des Fleisches sind deutlich erkennbar: Unzucht, Unsittlichkeit, ausschweifendes Leben, Götzendienst, Zauberei, Feindschaften, Streit, Eifersucht, Jähzorn, Eigennutz, Spaltungen, Parteiungen, Neid und Missgunst, Trink- und Essgelage und Ähnliches mehr. Ich wiederhole, was ich euch schon früher gesagt habe: Wer so etwas tut, wird das Reich Gottes nicht erben. Die Frucht des Geistes aber ist Liebe, Freude, Friede, Langmut, Freundlichkeit, Güte, Treue, Sanftmut und Selbstbeherrschung; dem allem widerspricht das Gesetz nicht.

Die Angst vor der Freiheit

Man ist gewöhnt an den Gedanken, dass die Freiheit das eigentliche und höchste Gut des Menschen sei, und das ist auch wahr. Aber man übersieht leicht, dass sie zugleich die größte Bürde des Menschen ist und dass es einer außerordentlichen Anstrengung bedarf, seine eigene Freiheit zu wollen. Es liegt in der Tat eine ungeheure Sehnsucht im Menschen, sich als Individuum aufzugeben und in der Unfreiheit der Masse zu verschwinden, eben weil keine Angst dem Menschen innerlicher und tiefer ist als die Angst der Freiheit vor sich selbst (...).

Der Mensch besitzt also die Fähigkeit zur Freiheit, aber er hat zugleich die größte Angst davor, frei zu sein; und so liegt nichts näher, als dass er die Freiheit abschafft. Wie er das kann, ist aus dem angezeigten Schema leicht zu ersehen:

Er braucht, statt die Synthese der Gegensätze zu bilden, nur einen der Spannungspole seiner selbst zu fliehen und sich an den anderen mit der Energie seiner Angst anzuklammern.

Er kann sich sagen, dass er keine Angst zu haben braucht, wenn er nur das tut, was notwendig ist, und das Notwendige wird ja nie falsch sein; oder wenn er alles offen in der Möglichkeit hält: Auch solange noch alles offen ist, wird es ja nie falsch sein können; oder er denkt: Ich bin so lange unangreifbar, als ich jedes Tun und Wollen von vornherein ins Unendliche setze und für ein nie erfüllbares Sehnen, für eine nie zu realisierende Utopie erkläre, solange ich mich wie zum Pyramidenbau verschleiße und so meinen guten Willen demonstriere; oder er erklärt sich aller Aufgaben und Pflichten ledig, er verschanzt sich ins Endliche, hält sich an die Fakten, wie sie sind, erklärt sie für allmächtig und gibt gleichermaßen seine Freiheit und sich selber auf. Er ist dann so, wie Diogenes seine Mitbürger sah: verzweifelt im Endlichen aufgrund eines Fehlens jeden Gedankens an eine unendliche ewige Bestimmung und Würde des eigenen Lebens, und bis ins Aussichtslose identifiziert mit Dingen, die er selbst nicht ist.

Eugen Drewerman

Die Freiheit des Selbst in der Synthese von Gegensatzpaaren

Aufgaben

- Versuchen Sie, Charakterbilder von Menschen zu entwerfen, die – so wie Drewermann es darstellt – vor ihrer Freiheit und Verantwortung hier und jetzt fliehen: in die Notwendigkeit, in die Möglichkeit, in die Endlichkeit, in die Unendlichkeit.

- Ordnen Sie alltägliche Situationen oder Redewendungen solchen Fluchtversuchen zu. Z.B.: »Ich verschiebe einen unangenehmen Anruf auf morgen ...«, »Das ist etwas für Heilige ...«, »In dieser Welt herrschen andere Gesetze ...« etc.

Wie der Glaube zu menschlichem Handeln befreit

Um den Unterschied zwischen ›menschlich‹ und ›unmenschlich‹ zu erkennen, dazu braucht man noch keinen Glauben und keine Religion. Die christliche Botschaft setzt vielmehr die sittliche Ansprechbarkeit des Menschen längst voraus. Darin liegt geradezu der Anknüpfungspunkt für die christliche Botschaft. Nur weil der Mensch von vornherein ein Gewissen hat, kann die christliche Botschaft ihn überhaupt erreichen.

Die Grundfrage des Menschseins besteht ja darin: Was hindert uns Menschen immer wieder daran, menschlich statt unmenschlich zu sein? Die Antwort unserer Erfahrung ist: Die eigentliche Wurzel allen Egoismus' und aller Unmenschlichkeit ist die mit unserer Verwundbarkeit und Vergänglichkeit mitgegebene Angst um uns selbst. Weil es einem dann letztlich nur um einen selbst geht, ist man faul oder habsüchtig, geizig und nachtragend. Man ist entweder hochmütig oder neidisch. Wenn die Angst das letzte Wort hat, dann sucht man sich um jeden Preis zu sichern und geht notfalls über Leichen. Gewiss kann die Angst lange verborgen bleiben. Man scheint sich im Alltag hochanständig zu verhalten. In Wirklichkeit gilt bereits die Hackordnung. Und die Angst bricht überall da aus, wo man sich in irgendeiner Weise bedroht erfährt. Dann macht man mit anderen Menschen, ›was man will‹ (vgl. Markus 9,13).

Die christliche Botschaft beansprucht, eine Gewissheit zu sein, die stärker ist als unsere Angst um uns selbst. Sie will diese Angst entmachten und uns so von dem befreien, was uns hindert, menschlich zu sein. Die Angst verschwindet nicht durch den Glauben, aber ihr kommt nicht mehr das letzte Wort zu. Sie wird durch den Glauben überwunden (vgl. Johannes 5,4).

Der christliche Glaube bringt streng genommen keine anderen Gebote mit sich als die, die ohnehin bereits mit dem Menschsein mitgegeben sind. Und er kann auch ihre Verpflichtung nicht steigern, denn sittliche *Verpflichtung ist von vornherein und aus sich selbst unbedingt.* Aber mit der bloßen Einsicht in eine sittliche Verpflichtung ist noch lange nicht gesagt, dass man sie auch tatsächlich erfüllt. Eben daran hindert oft die Angst um sich selbst. Und hier setzt die christliche Botschaft an, indem sie eine Gewissheit mitteilt, die dieser Angst gewachsen ist.

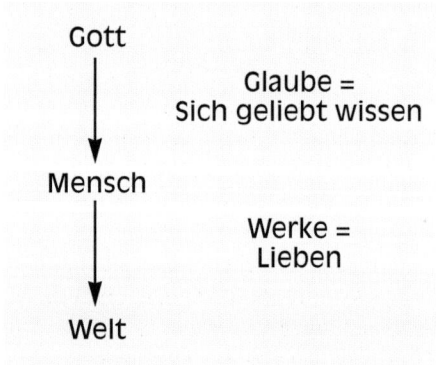

Die Gewissheit des Glaubens besteht in der Gemeinschaft mit Gott. Denn Glauben bedeutet, sich von Gott mit einer Liebe geliebt zu wissen, die an nichts Geschaffenem ihr Maß hat. Wir sind in die Liebe des Vaters zum Sohn aufgenommen, auf die im Leben und Sterben Verlass ist. Die unbedingte Liebe zu Gott besteht dann gerade darin, sich ganz auf ihn zu verlassen. Sie besteht darin, so von seiner Liebe zu uns auszugehen, dass man nicht mehr aus Angst um sich selbst lebt.

So setzt der Glaube die sittliche Ansprechbarkeit des Menschen voraus. Es ist nicht wahr, dass man die Verpflichtung zur Menschlichkeit erst dann einsehen kann, wenn man bereits an Gott glaubt. Zwar gilt ebenso wie von der ganzen Welt überhaupt auch von unserer Verantwortung in der Welt, dass sie ohne Gott nicht sein kann. Aber man erkennt doch zuerst die Existenz der Welt und dann ihre Geschöpflichkeit; und man kann sittliche Verpflichtung erkennen, noch bevor man sie als Gottes Anspruch erfasst. Der barmherzige Samariter (Lk 10,25-37) denkt nicht einmal ausdrücklich über seine sittliche Verpflichtung nach, sondern handelt aus einem guten Herzen mit Vernunft und Sachverstand. Ein solcher Anspruch der Wirklichkeit der Welt an unser Gewissen ist deshalb Gottes Anspruch, weil die Welt Gottes Welt, nämlich seine Schöpfung ist.

Gewiss kann es geschehen, dass ein Mensch auch für den sittlichen Anspruch wenigstens teilweise blind ist. Aber dann argumentiert auch die Bibel und sogar Jesus selbst nicht mit dem Glauben, sondern mit der Vernunft. Wenn ›religiöse‹ Menschen seiner Zeit sich darüber empörten, dass er am Sabbat heilte (es war verboten, am Sabbat zu arbeiten), dann sagte er: ›Bindet nicht jeder von euch am Sabbat seinen Ochsen oder Esel von der Krippe los und führt ihn zur Tränke. Und ein Mensch sollte nicht am Sabbat von den Fesseln seines Leidens befreit werden dürfen?‹ (vgl. Lukas 13, 15f.). Das ist eine Vernunftargumentation.

Wer für den Glauben eintreten will, muss auch gleichzeitig für die Vernunft eintreten. Die Normen für verantwortungsvolles Handeln sind grundsätzlich mit Vernunft zu begründen.

Peter Knauer

Christliche Freiheit

Freiheit von der Sünde

Christen können mit der Hoffnung leben, dass schuldhaftes Handeln, falsche Lebensweisen, Verfehlungen gegen Gott und seine Schöpfung, die sämtlich unfrei machen, vergeben werden. Jesus Christus hat die Menschen von der Sünde für ein Leben in Freiheit, Frieden und Gerechtigkeit erlöst.

Freiheit vom Tod

Sterbenmüssen ist der Inbegriff für Unfreiheit. Der Tod lastet über dem Leben. Christus befreit von dieser Last des Todes und führt in eine überlegene Freiheit des Lebens. Der Mensch soll ohne Angst und Sorge leben, handeln, sich engagieren können.

Freiheit vom Gesetz

An sich ist das Gesetz heilig, gerecht und gut (vgl. Römer 7,6ff.). Doch in bestimmten Fällen kann Gesetzeserfüllung und radikale Gesetzlichkeit den Sinn des Gesetzes verfehlen und damit unfrei machen. Freiheit vom Gesetz, in Liebe verwirklicht, wird dann dem Willen Gottes mehr gerecht.

Chance oder Not

Erfahrungen mit der Freiheit heute

Wir sind nicht mehr so sehr wie früher an den Lebensraum gebunden, in den wir hineingeboren wurden (das Dorf, den Stadtteil, das soziale Milieu etc.). Im Lauf unseres Lebens können wir heute – sei es beruflich bedingt oder aus eigener Entscheidung – leichter den Lebensraum wechseln. Unsere Mobilität hat sich erheblich erhöht.

Durch die Medien und Bildungsangebote können wir heute an sehr viel mehr Bereichen der Wirklichkeit teilhaben. Wir können uns über alles informieren und mit allen in Kontakt und Kommunikation treten. Wir kommen mit sehr viel mehr Lebensmöglichkeiten und Weltdeutungen in Berührung als früher.

Wir sind nicht mehr durch Traditionen und Konventionen an einen bestimmten Lebensstil gebunden. Wir sind nicht mehr an eine bestimmte Sinnorientierung (Religion, Partei etc.) gebunden.

Wir können uns unseren Lebensstil selbst auswählen und selbst gestalten.

Mit dem Verlust eines Lebensraums, der durch Erziehung vermittelt und für das ganze Leben prägend ist, gehen zugleich auch verbindliche Sinnorientierungen verloren. Stattdessen werden wir allzu oft von anderen in eine Orientierung auf bestimmte Zwecke und fremde Interessen eingespannt. Im Beruf etwa müssen wir funktionieren, uns in bestimmte, undurchschaubare vorgegebene Abläufe einfügen.

Durch die Informationsflut wird alles Wissen nur noch zur bloßen Ahnung. Wir verlieren den Überblick. Wir verlieren ein Wissen, das wirklich Gewissheit ist. Wir verlieren ein Wissen, das auf eigener Erfahrung beruht und deshalb Lebenswissen ist. Unser Wissen wird zu einer möglichen Deutung neben vielen anderen, die alle gleich gültig und deshalb letztlich gleichgültig sind.

Trotz aller Kommunikationsmöglichkeiten geraten wir immer mehr in Isolation. Alle tieferen tragenden und verbindenden Formen menschlicher Gemeinschaft fallen weg.

Mit der Möglichkeit, den eigenen Lebensstil selbst zu gestalten und alles selbst zu entscheiden, fühlen sich immer mehr Menschen überfordert.

Aufgaben

- Mit welcher Seite können Sie sich mehr identifizieren? Wie erfahren Sie Freiheit in unserer Zeit eher: als Chance oder als Not?
- Versuchen Sie weitere Argumente und Erfahrungen für beide Seiten zu finden.
- Wie können wir in dieser Situation die Freiheit als Chance nutzen? Wie können wir der Not der Freiheit begegnen?

Ausbrechen

*Immer wieder
stoße ich an meine Grenzen, Herr.
Am liebsten möchte ich sie sprengen
und ausbrechen aus allem,
was mich einengt.*

*Ausbrechen
– aus meinem Ich
– aus meiner Haut
– aus meinem Alltag.*

*Ausbrechen
– aus meiner Vergangenheit
– aus meinem Hier und Jetzt
– aus meinen Ängsten und Zwängen*

*Aber jeder Ausbruchsversuch misslingt;
ich kann nicht
über meinen Schatten springen.
Immer wieder
stoße ich an meine Grenzen,
ich bin begrenzt.
Damit muss ich leben,
leben lernen.*

*Das ist nicht leicht, Herr.
Hilf mir!*

Petrus Ceelen

Worterklärung

Freiheit der Entscheidung:

meint die Möglichkeit des Menschen, sich zwischen Alternativen zu entscheiden und eine von beiden zu wählen. Wir sind als Menschen nicht auf ein bestimmtes Verhalten eindeutig festgelegt. Wir können immer auch anders handeln als wir es tatsächlich tun. Wir sprechen hier auch von der *Freiheit von* ... Zwängen, Notwendigkeiten, Festgelegtheiten.
Damit aber sind wir uns auch selbst aufgegeben. Wir selbst müssen durch unsere Wahl bestimmen, was wir tun und wer wir sein wollen.

Freiheit der Entschiedenheit:

In jeder Entscheidung legen wir uns immer auch fest. Wir gehen Bindungen und Verbindlichkeiten ein. Wir schließen Möglichkeiten aus. Und doch bedeutet das nicht, dass eine frei gewählte Bindung uns immer frei macht. Wir werden vielmehr in eine neue Form der Freiheit hineingeführt: in die Freiheit der Entschiedenheit. Wir sprechen hier auch von der *Freiheit zu* ...

Alter als Freiheit?

Wie steht es also mit der ›endlich erworbenen Freiheit‹? Es ist für viele Menschen zuerst einmal die Befreiung vom Zwang der Zeit, der mit dem Stundenplan der Schule beginnt, mit dem Verkauf der Lebenszeit zu Erwerbszwecken fortgesetzt wird und schließlich auch den Teil der Tage, Wochen, Monate und Jahre beherrscht, der einem eigentlich gehören sollte, aber stattdessen von allen möglichen Terminen besetzt und zerstückelt wird. Denn die von der Uhr beherrschte Zivilisation verlangt, dass alles genau nach Zahl und Zeiger geregelt sei, weil sonst Unordnung, Chaos und schlimmer noch Müßiggang, der ›Teufel‹ im Universum des Pflichtmenschen, die Überhand erhalten könnten.

So wird darin nicht nur die Faulheit aus dem so genannten ›aktiven Leben‹ verbannt, sondern auch das genaue Hinhören und Hinsehen, die liebevolle Beschäftigung mit Pflanzen, Tieren, Menschen rationiert, der zeitverschwenderischen Träumerei Einhalt geboten, das Spiel geregelt, der Genuss in den Schatten des schlechten Gewissens abgedrängt, weil er nicht produktiv sei. All das könnte im Alter sich ändern, wenn der Mensch nicht mehr schaffen muss und mit seiner Zeit nach eigenem Gutdünken umgehen darf. Noch längst nicht alle älteren Menschen bringen das fertig. Die Gewohnheiten der Zeitunfreiheit lassen sich nicht so einfach abstreifen. Die neue Freiheitschance wird daher nur zu oft vertan, die Uhr tickt weiter.

Andere Freiheitsmöglichkeit: die Wahl der Beschäftigung. Wie viele – besser gefragt: wie wenige – haben denn im Berufsleben das tun dürfen, was sie eigentlich wollten? Jetzt kann es geschehen, dass der Chefbuchhalter sich statt mit Ziffern mit Blumen beschäftigt, der Warentester an Aquarellen herumpinselt, der Rechtsanwalt im Avantgarde-Theater Regie führt, die Reisevertreterin Medizin studiert, der Bürohocker das Reisen lernt. In der Tat beginnt für viele Alte jetzt erst das Leben, das sie sich gewünscht hatten, sind sie nicht mehr gezwungen, dem Job die innere Berufung zu opfern, dürfen sie endlich – falls ihnen noch genügend Kraft geblieben ist und ihre Nächsten sie ermutigen, statt sie zu verspotten – Talente erproben, die sie zu Recht (oder auch zu Unrecht) schon längst in sich vermutet haben.

Jetzt können sie es sich leisten, endlich ihren ethischen Impulsen zu folgen, die sie entweder ganz oder teilweise verdrängen mussten. Die Freuden der Nächstenliebe erwarten sie, die Genugtuung der Hilfeleistung, die Chance der Solidarität, die Seligkeit des Gebens. Endlich etwas tun dürfen ohne egoistisches Ziel, endlich den höheren Sinn über den unmittelbaren Zweck stellen.

Robert Jungk

Vgl. auch:

Deutscher Erwachsenenkatechismus Bd. II, S. 236-239.

Freizeit als Freiheit?

*Spielräume
Das Geschirr der Arbeit
wahrlich ablegen.
Nicht auch noch die Freizeit in
den Takt der Arbeit zwängen.
Keine Sonntags-Neurose
heraufbeschwören.
Sie nicht den Apparaten überantworten.
Spielen.
Sich ergehen.
In Muße gehen.
Sich ausstrecken. Sich hindehnen.
Sich baumeln lassen.
In der Zeit verweilen.
Einfach beieinander sein.
Etwas zubereiten – mal einzeln,
mal gemeinsam.
Heiter speisen.
Sich auf den Arm nehmen.
Sich der Pflicht entledigen.
Die Neigung leben.
Die Neigungen aufeinander einspielen.
Phantasie schweifen lassen.
Improvisieren.
Narr, Schalk, Clown sein.
Spontan wach sein. Zuspringen können.
Sich einem anderen Menschen ganz und
gesammelt zuwenden.
Trödeln.
Sich an buntem Plunder ergötzen.
Träume wie Luftballons hochsteigen lassen.
Augenblicke auskosten.*

Wolfgang Dietrich

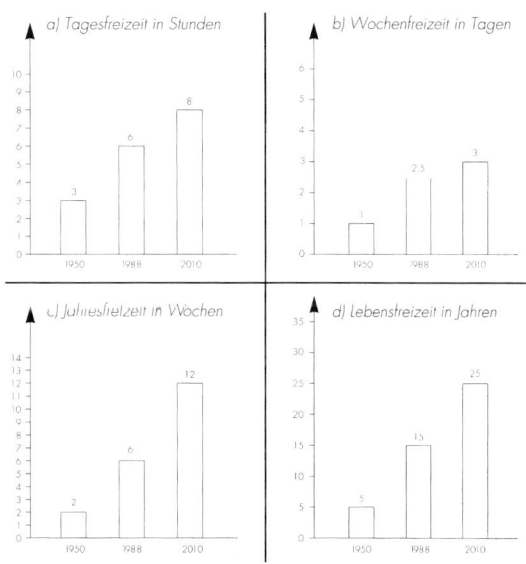

Fragen

- Wie gehen wir heute in unserer Gesellschaft mit der Freizeit um?
- Wie gehen wir selbst mit ihr um?
- Wodurch kann Freizeit zum wirklichen Raum der Freiheit werden?
- Wodurch kann die Freizeit zur unerträglichen Leere oder zum überfordernden Zwang werden?
- Welches Verhältnis haben wir zur Zeit?
- Nutzen wir die Zeit? Müssen wir die Zeit immer »nutzen«?

Vgl. auch:

Deutscher Erwachsenenkatechismus Bd. II, S. 216-220; 276f.
Unsere Verantwortung für den Sonntag (DBK und EKD, 1988)

Die fünf Freiheiten

»Wir können unser Selbstwertgefühl steigern durch die Bereitschaft, Neuem gegenüber aufgeschlossen zu sein, es auszuprobieren und wenn es zu uns passt, so lange zu üben, bis es uns selbstverständlich geworden ist. Um diesen Prozess in Gang zu setzen, habe ich etwas entwickelt, was ich ›Die fünf Freiheiten‹ nenne.

Die Freiheit, das zu sehen und zu hören, was im Moment wirklich da ist, anstatt was sein sollte, gewesen ist oder erst sein wird.

Die Freiheit, das auszusprechen, was ich wirklich fühle und denke, und nicht das, was von mir erwartet wird.

Die Freiheit, zu meinen Gefühlen zu stehen, und nicht etwas anderes vorzutäuschen.

Die Freiheit, um das zu bitten, was ich brauche, anstatt immer erst auf Erlaubnis zu warten.

Die Freiheit, in eigener Verantwortung Risiken einzugehen, anstatt immer auf Nummer Sicher zu gehen und nichts Neues zu wagen.«

Virginia Satir

9. Kapitel

Was ist, wenn ich versagt habe?

Der Umgang mit der Schuld

Medientipp:

Dokumentationsfilm »Sündigen ja – Beichte nein. Vom Umgang mit der alltäglichen Schuld«, 30 Min (F), BRD 1994, Martin Blachmann [Reg.] (VIDEOFILM)
Der Filmbeitrag aus der Reihe »Gott und die Welt« zeigt je vier Frauen und Männer in Interviewsequenzen, die über ihre persönlichen Beichterfahrungen, auch aus der Kindheit, berichten. Die Beiträge machen exemplarisch die Schwierigkeiten deutlich, die viele Menschen heute beim Thema Schulderfahrung, Bußpraxis, Sünde etc. haben.

Literaturhinweise:

Anselm Grün: Sich ändern lernen. Versöhnung leben und feiern. Würzburg (Echter) 1992.
Der Verfasser des Buches erläutert zunächst unterschiedliche Formen der Versöhnung als Grundaufgabe der Christen. Er stellt weiter die Frage nach der Schuld und zeigt – Erkenntnisse der Psychologie aufgreifend –, dass Beichte und Beichtgespräch zu einer befreienden Erfahrung werden können.

Deutscher Erwachsenenkatechismus, Band 2: Sünde und Umkehr (S. 75-91)

Zur Einführung

Wir Menschen können versagen. Diese Wahrheit wird uns gegenwärtig eindrücklich und unwiderlegbar dort klar gemacht, wo Maschinen und Computer unsere Arbeit sehr viel besser und schneller erledigen als wir selbst es trotz aller Erfahrung und Routine jemals können. Gewiss, auch die künstliche Intelligenz kann irren und Fehler machen. Aber ihre Überlegenheit im Blick auf Sicherheit und Präzision ist so hoch, dass wir immer mehr geneigt sind, auf Technik zu vertrauen anstatt uns auf uns selbst zu verlassen.

Wir Menschen können versagen. Und diese Wahrheit können wir nur schwer verkraften. Im Blick auf die Technik trösten wir uns damit, dass wir immer noch Herr der Maschinen bleiben. Wir sind es doch, die bestimmen, was mit der Technik gemacht werden soll, wozu künstliche Intelligenz gebraucht wird, was ausgerechnet und produziert werden soll. Diese Freiheit, aber auch diese Verantwortung nimmt uns keine Maschine ab.

Doch üben wir heute diese Verantwortung wirklich aus? Bleiben wir wirklich Herr über die Technik? Bestimmen wir wirklich noch, was mit ihr geschehen soll? Hier kommt ein weiterer Bereich in den Blick, in dem wir versagen können. Wir können hinter der Verantwortung, die uns heute durch unser Können zuwächst, zurückbleiben, wir können sie missachten oder erst gar nicht wahrnehmen. Das Versagen, das sich hier abzeichnet, ist aber sehr viel problematischer als unser Versagen hinsichtlich der Präzision und Schnelligkeit von bestimmten Arbeitsvorgängen. Denn dieses Versagen kann keine Maschine auffangen.

Schuld oder gar Sünde sind Worte, mit denen heute viele nichts mehr anfangen können. Die Wirklichkeit aber, dass wir versagen, gibt es durchaus und wird von vielen als schmerzlich erfahren. Das gilt nicht nur für den Bereich der Technik. Das gilt ebenso für den Bereich zwischenmenschlicher Beziehungen. Leiden unter zerbrochener Liebe, Leiden an einem Leben, das am »Eigentlichen« vorbeigeht, ist überall spürbar. Die Sehnsucht nach Heilung und Versöhnung zeigt auch heute deutliche Spuren.

Wie gehen wir mit unserem Versagen um? Schieben wir es auf andere ab? Oder schreiben wir es uns selbst zu? Und wenn ja, was gibt uns die Kraft dazu? Mit diesen Fragen wollen wir uns im folgenden Kapitel auseinandersetzen.

Erfahrungen

Verhängnisvolles Schweigen

	Wird nicht
Wir	Auch durch unser Schweigen
Foltern nicht	Gefoltert
Zerstören nicht	Zerstört
Hassen nicht	Gehasst
Bedrohen nicht	Bedroht
Quälen nicht	Gequält
Misshandeln nicht	Misshandelt
Unterdrücken nicht	Unterdrückt
Erpressen nicht	Erpresst
Töten nicht.	Getötet?
Wir schweigen.	

WIRD NICHT Auch durch unser Schweigen Unrecht zu Recht?
Peter Friebe

Zwei Ichs

*Immer wieder
kommt es mir vor,
als ob ich zwei Ichs hätte.
Ein Ich, das das Gute will,
und ein Ich,
das das Böse tut.*

*Ein Ich,
das für andere da sein möchte,
und ein Ich,
das nur an sich denkt.*

*Ein Ich,
das sagt:
Du bist in Ordnung
und ein Ich,
das sagt:
Du bist unmöglich.*

*Ein Ich,
das an Dich glauben möchte,
Gott,
und ein Ich,
das mir den Weg zu Dir
versperrt.*

Petrus Ceelen

Sag ja zu mir, wenn alles nein sagt

T: Diethard Zils, 197
M: aus Holland
Rechte: Strube Verlag, München-Berli

2. Uns ist das Heil durch dich gegeben; / denn du warst ganz für andre da. / An dir muß ich mein Leben messen; / doch oft setz ich allein das Maß.

3. Gib mir den Mut, mich selbst zu kennen, / mach mich bereit zu neuem Tun. / Und reiß mich aus den alten Gleisen; / ich glaube, Herr, dann wird es gut.

4. Denn wenn du ja sagst, kann ich leben; / stehst du zu mir, dann kann ich gehn, / dann kann ich neue Lieder singen / und selbst ein Lied für andre sein.

5. Zu viele sehen nur das Böse / und nicht das Gute, das geschieht. / Auch das Geringste, das wir geben, / es zählt bei dir, du machst es groß.

6. Drum ist mein Leben nicht vergeblich, / es kann für andre Hilfe sein. / Ich darf mich meines Lebens freuen / und andren Grund zur Freude sein..

Gewissenserforschung

Freiheit **oder** Zwang?
Selbst Verantwortung tragen **oder** Sündenböcke suchen?
Bereuen **oder** auf seinem Standpunkt beharren?
Gott um Vergebung bitten
oder voll Stolz seine Schwäche zur Tugend machen?
Neu beginnen **oder** weiter irren?
Was sind wir wirklich, und was bilden wir uns ein?
Wer hilft uns, das zu unterscheiden?

Martin Gutl

Ebenen der Schulderfahrung

Wo immer Menschen zusammen leben, ergeben sich Schuldigkeiten: werden sie schuldig und erfahren sie Schuld. Schulderfahrungen lassen sich auf drei verschiedenen Ebenen deuten:

1. Die »rechtliche« Ebene

Rechtliche Schuld meint den Verstoß gegen bestehende Normen und Gesetze. Gleichgültig, ob eine Verfehlung freiwillig oder unfreiwillig geschehen ist, die Übertretung, der Rechtsverstoß wird als Schuld aufgefasst und erfahren. Wir können, ja müssen gegebenenfalls sogar rechtlich schuldig werden, beispielsweise um bedrohtes Leben zu retten oder auch in Notwehr oder unter Gewalt.

2. Die »ethisch-moralische« Ebene

Handlungen oder Unterlassungen (vgl. den Text in Kap. IX, Erfahrungen), mit denen wir aus freiem Willen und zugleich bewusst gegen sittliche Normen verstoßen, rufen »moralische« Schuldgefühle hervor. Schuld wird dabei als Verstoß gegen das Gewissen und als Verfehlung gegen die freie Selbstverwirklichung der menschlichen Person erlebt. Die Schuld ist subjektiv, sie ist eine persönliche Schuld.

In vielen Verfehlungen, zum Beispiel bei einem Verbrechen, erfährt der Mensch sich zugleich als rechtlich und moralisch schuldig.

3. Die »religiös-personale« Ebene

Christliche Ethik fasst Schuld nicht nur als Verfehlung gegen sittliche Normen und Gesetze oder gegen das Wesen des Menschen, sondern vielmehr auch als Störung der Beziehung zwischen Mensch und Gott auf. Das Liebesangebot Gottes wird durch die begangene Schuld abgelehnt und verneint. Zur Aufhebung der religiös-personalen Schuld (Sünde) ist der Mensch auf die Gnade Gottes angewiesen. Schuldlosigkeit, wie sie rechtlich oder moralisch möglich ist, bleibt dem Glaubenden hinsichtlich der religiösen Schuld versagt.

> **Das Wort (der Versöhnung) wird nun gerade darum nötig, weil am Geschehenen durch ein Tun nichts mehr zu ändern ist.**
>
> **Gerhard Ebeling**

Zur eigenen Schuld stehen

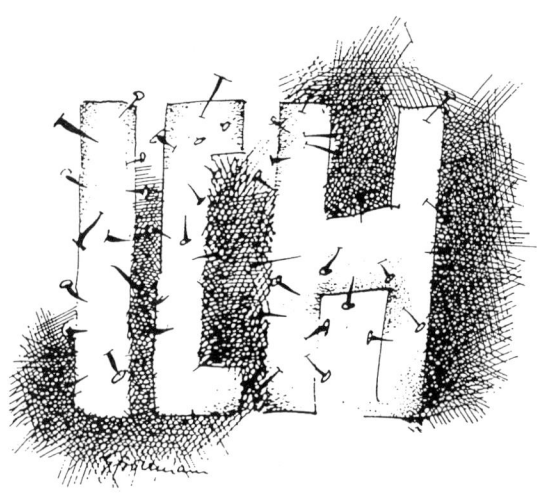

Es gibt eine Angst davor, sich der Schuld zu stellen, etwas zuzugeben: ob es sich um eine Schwäche handelt oder um ein anderes Versagen oder eine böse Tat. Gerade weil wir sofort von der Umwelt abgestempelt werden, erscheint es zunächst besser und erfolgreicher, etwas nicht einzugestehen – nicht einmal uns selbst. Das ist die Ursache für so viele Verdrängungs- und Entschuldigungsausflüchte: Schuld sind eben ›die anderen‹.

Wenn in einer Gesellschaft jemand sofort abgestempelt wird als Versager, als Schuldiger, dann allerdings wird auf alle Glieder der Gesellschaft ein Druck ausgeübt, eine Schwäche und ein Versagen nicht einzugestehen. Der Mensch darf eben nicht schuldig sein, er muss aus Prinzip unschuldig bleiben. Eine solche Erwartung erweist sich als unmenschlich, weil eben auch Schuld zum menschlichen Leben gehört. Eine Psychotherapie wäre falsch beraten, wenn sie diesen Entschuldigungswahn einer Gesellschaft mitmachen wollte und Schuldgefühle einfach weganalysieren würde.

Darum wird es erfahrenen Therapeuten heute nicht darum gehen, Entschuldigungen zu verstärken, sondern eher zu einem realistischen Umgang mit den Schuldgefühlen und zur Anerkennung der Schuld zu verhelfen.

So gehört es auch zum reifen und mündigen Menschen, einerseits mit der eigenen Schuld zu rechnen, andererseits die Schuld und Schwäche anderer nicht zum Vorwand überheblicher Ablehnung zu machen oder zur Rechtfertigung bequemer Vorurteile zu benutzen. Eine Therapie ist ja nur dort möglich, wo Schuld zugegeben wird.

Johannes Gründel

Fragen

- Worin ist heute die Angst begründet, eigene Schuld zuzugeben?
- Was kann uns dazu befähigen, zur eigenen Schuld zu stehen?
- Was macht es möglich, Schuld zu übernehmen?
- Wie könnte oder müsste eine Therapie aussehen, die es anzielt, eigene Schuld zuzugeben und zu übernehmen?

»Richtig« streiten

Die Hamletfrage, die mein Elternhaus bedrohte, lautete: Harmonie oder Nichtsein. Es musste alles harmonisch sein; etwas Problematisches durfte es nicht geben – denn dann ging die Welt unter. Alles musste unproblematisch sein; oder falls es das nicht war, musste es unproblematisch gemacht werden. Es durfte in allem immer nur eine Meinung geben, denn eine Meinungsverschiedenheit wäre das Ende von allem gewesen. Heute leuchtet mir auch ein, warum eine Meinungsverschiedenheit bei uns zu Hause einem kleinen Weltuntergang gleichgekommen wäre: wir konnten nicht streiten. Ich meine damit, dass wir nicht wussten, wie man das tat, streiten; genau so, wie jemand nicht wissen kann, wie man Trompete bläst oder Mayonnaise zubereitet. Wir beherrschten die Technik des Streitens nicht, und darum unterließen wir es, so wie ein Nichttrompeter keine Trompetenkonzerte gibt. Daher waren wir darauf angewiesen, nie in die Situation zu kommen, streiten zu müssen. Die Folgen davon waren katastrophal: Alle waren immer derselben Meinung. Sollte es aber einmal den Anschein haben, als sei dem nicht so, so musste es sich für uns notwendigerweise um ein Missverständnis handeln. Es hatte dann nur irrtümlicherweise so geschienen, als liege eine Meinungsverschiedenheit vor; die Meinungen waren nur scheinbar geteilt gewesen, und nach Behebung des Missverständnisses wurde offenbar, dass alle Meinungen in Tat und Wahrheit identisch waren.

Ich weiß heute, dass ich es in meiner Jugend nicht gelernt habe, eine eigene Meinung zu haben; ich habe nur gelernt, keine eigene Meinung zu haben. Ich habe als Junge und als junger Mann eigentlich auch nie eine Meinung gehabt.

Ich bezweifle, dass ich das Wort ›nein‹ von meinen Eltern gelernt habe (es mag wohl in der Schule einmal in meinen Wortschatz gelangt sein), denn es wurde in meinem Elternhaus nicht gebraucht, da es überflüssig war. (...) Vermutlich kann man nicht als Jasager geboren werden, so dass ich mich nicht als den geborenen Jasager bezeichnen kann; aber ich möchte feststellen, dass ich der perfekt erzogene Jasager war.

Fritz Zorn

Fragen

- Wie geschieht richtiges Streiten? Versuchen Sie Regeln des Streitens zu entwickeln.
- Welche Fähigkeiten gehören zur Haltung der Konfliktfähigkeit?
- Wie lässt sich ein fauler Frieden von einem bewältigten Konflikt unterscheiden?

Die Sünderin als Vorbild

Die Rede von »Sünde« und »Schuld« bereitet heute vielen Menschen Schwierigkeiten. Zu sehr sind diese Worte belastet mit der Vorstellung von Strafe, vom Zorn und Gericht Gottes, von Selbstbezichtigung und permanentem schlechtem Gewissen, das jedes Selbstwertgefühl für Anmaßung hält und unterdrücken möchte. Zu sehr sind sie belastet mit der Vorstellung, wir Menschen könnten aus der Zuwendung Gottes herausfallen und müssten uns seine Anerkennung erst durch unser Tun erwerben.

Auf der anderen Seite aber ist es wahr, dass wir anderen Menschen gegenüber schuldig werden können. Der Versuch, die Schuld psychologisch oder gesellschaftlich wegzuerklären, kann zwar von falscher Selbstbezichtigung und unbegründeten Schuldgefühlen befreien; aber er kann nicht immer befriedigen. Zu viele Menschen leiden unter ihrer verdrängten Schuld. Worin aber hat die Verdrängung der Schuld ihren Grund? Ist dafür nicht letztlich auch wieder die Vorstellung verantwortlich, wir müssten uns immer nur aus eigener Kraft rechtfertigen?

Die Erzählung von der Begegnung Jesu mit der Sünderin im Haus des Pharisäers eröffnet eine andere Logik. Jesus sagt über die Sünderin: »Ihr sind ihre vielen Sünden vergeben, weil sie so viel Liebe gezeigt hat.« Damit ist nicht gemeint, die Liebe, die sie Jesus gegenüber erwie-

---

In jener Zeit ging Jesus in das Haus eines Pharisäers, der ihn zum Essen eingeladen hatte, und legte sich zu Tisch. Als nun eine Sünderin, die in der Stadt lebte, erfuhr, dass er im Haus des Pharisäers bei Tisch war, kam sie mit einem Alabastergefäß voll wohlriechendem Öl und trat von hinten an ihn heran. Dabei weinte sie, und ihre Tränen fielen auf seine Füße. Sie trocknete seine Füße mit ihrem Haar, küsste sie und salbte sie mit dem Öl.

Als der Pharisäer, der ihn eingeladen hatte, das sah, dachte er: Wenn er wirklich ein Prophet wäre, müsste er wissen, was das für eine Frau ist, von der er sich berühren lässt; er wüsste, dass sie eine Sünderin ist.

Da wandte sich Jesus an ihn und sagte: Simon, ich möchte dir etwas sagen. Er erwiderte: Sprich, Meister!

Jesus sagte: Ein Geldverleiher hatte zwei Schuldner; der eine war ihm fünfhundert Denare schuldig, der andere fünfzig. Als sie ihre Schulden nicht bezahlen konnten, erließ er sie beiden. Wer von ihnen wird ihn nun mehr lieben? Simon antwortete: Ich nehme an, der, dem er mehr erlassen hat. Jesus sagte zu ihm: Du hast Recht.

Dann wandte er sich der Frau zu und sagte zu Simon: Siehst du diese Frau? Als ich in dein Haus kam, hast du mir kein Wasser zum Waschen der Füße gegeben; sie aber hat ihre Tränen über meinen Füßen vergossen und sie mit ihrem Haar abgetrocknet. Du hast mir zur Begrüßung *keinen Kuss gegeben; sie aber hat mir, seit ich hier bin, unaufhörlich die Füße geküsst. Du hast mir nicht das Haar mit Öl gesalbt; sie aber hat mir mit ihrem wohlriechenden Öl die Füße gesalbt.*

Deshalb sage ich dir: Ihr sind ihre vielen Sünden vergeben, weil sie mir so viel Liebe gezeigt hat. Wem aber nur wenig vergeben wird, der zeigt auch nur wenig Liebe.

Dann sagte er zu ihr: Deine Sünden sind dir vergeben.

Da dachten die anderen Gäste: Wer ist das, dass er sogar Sünden vergibt? Er aber sagte zu der Frau: Dein Glaube hat dir geholfen. Geh in Frieden!

(Lukas 7,36-50)

sen hat, sei der Grund dafür, dass ihr vergeben wurde. Der folgende Satz macht das deutlich: »Wem aber nur wenig vergeben wird, der zeigt auch nur wenig Liebe.« Nicht die Jesus gegenüber erwiesene Liebe ist der Grund der Vergebung, sondern umgekehrt: Die Liebe, die die Sünderin Jesus gegenüber erweist, ist Zeichen dafür, dass sie zuvor die Erfahrung der Vergebung gemacht hat. Ihre Liebe ist Auswirkung dieser vorhergehenden Vergebung.

Wenn Jesus anschließend sagt: »Deine Sünden sind dir vergeben«, so stellt er nur fest, was schon längst geschehen ist. Und wenn die Gäste skeptisch bei sich denken: »Wer ist das, dass er sogar Sünden vergeben kann?«, so klärt Jesus selbst dieses Missverständis sofort auf. »Dein *Glaube* hat dir geholfen.«

Dieser Glaube aber besteht darin, sich darauf zu verlassen, dass Gott uns Menschen immer schon Vergebung angeboten hat. Er besteht darin, entgegen aller menschlich-pharisäischen Logik zu glauben und daraus zu leben, dass wir Gottes Zuwendung nicht erst durch Werke erwerben müssen, sondern dass er uns immer schon Gemeinschaft mit sich angeboten hat. Erst dann, aufgrund dieser Gewissheit, wird es möglich, eigene Schuld nicht von sich wegzuschieben, sondern sich selbst zuzuschreiben. Es wird möglich, eigene Schuld wahrzunehmen, ohne an Selbstwert zu verlieren. Die eigene Schuld im Licht der Vergebungsbereitschaft Gottes eingestehen zu können, befreit vom Druck der Verdrängung und vom Urteil der Öffentlichkeit. Die frohe Botschaft Jesu zeigt, wie solche Erfahrung der Befreiung zur Liebe beflügeln kann.

Kain und Abel

Abel steh auf

Abel steh auf
es muss neu gespielt werden
täglich muss neu gespielt werden
täglich muss die Antwort noch vor uns sein
die Antwort muss Ja sein können
wenn du nicht aufstehst Abel wie soll die
Antwort
diese einzig wichtige Antwort sich je verändern
wir können alle Kirchen schließen
und alle Gesetzesbücher abschaffen
in allen Sprachen der Erde
wenn du nur aufstehst
und es rückgängig machst
die erste falsche Antwort
auf die einzige Frage
auf die es ankommt
steh auf
damit Kain sagt
damit er es sagen kann
Ich bin dein Hüter
Bruder
wie sollte ich nicht dein Hüter sein
Täglich steh auf
damit wir es vor uns haben
dies Ja ich bin hier
ich
dein Bruder
Damit die Kinder Abels
sich nicht mehr fürchten
weil Kain nicht Kain wird
Ich schreibe dies
ich ein Kind Abels
und fürchte mich täglich
vor der Antwort
die Luft in meiner Lunge wird weniger
wie ich auf die Antwort warte

Abel steh auf
damit es anders anfängt
zwischen uns allen

Die Feuer die brennen
das Feuer das brennt auf der Erde
soll das Feuer von Abel sein

Und am Schwanz der Raketen
sollen die Feuer von Abel sein

Hilde Domin

Als sie auf dem Feld waren, griff Kain seinen Bruder Abel an und erschlug ihn. Da sprach der Herr zu Kain: Wo ist dein Bruder Abel? Er entgegnete: Ich weiß es nicht. Bin ich der Hüter meines Bruders? Der Herr sprach: Was hast du getan? Das Blut deines Bruders schreit zu mir vom Ackerboden. So bist du verflucht, verbannt vom Ackerboden, der seinen Mund aufgesperrt hat, um aus deiner Hand das Blut deines Bruders aufzunehmen. Wenn du den Ackerboden bestellst, wird er dir keinen Ertrag mehr bringen. Rastlos und ruhelos wirst du auf der Erde sein. Kain antwortete dem Herrn: Zu groß ist meine Schuld, als dass ich sie tragen könnte. Du hast mich heute vom Ackerland verjagt, und ich muss mich vor deinem Angesicht verbergen; rastlos und ruhelos werde ich auf der Erde sein, und wer mich findet, wird mich erschlagen. Der Herr aber sprach zu ihm: Darum soll jeder, der Kain erschlägt, siebenfacher Rache verfallen. Darauf machte der Herr dem Kain ein Zeichen, damit ihn keiner erschlage, der ihn finde. Dann ging Kain vom Herrn weg und ließ sich im Land Nod nieder, östlich von Eden.

Genesis 4, 8b-16

Sie werden auf den blicken, den sie durchbohrt haben. Sie werden um ihn klagen, wie man um einen einzigen Sohn klagt; sie werden bitter um ihn weinen, wie man um den Erstgeborenen weint.

Sacharja 12,10

Konfrontiert mit der eigenen Gewalt

Mit diesem Wort beschreibt der Prophet Sacharja einen radikalen Sichtwandel: Derjenige, der zuerst das Opfer aller ist, auf dem sich die Gewalt aller entlädt und der schließlich von allen gelyncht wird, ist plötzlich für dieselben, die ihn verfolgt und ermordet haben, wie ihr einziggeliebter Sohn, den sie beweinen und dessen Tod sie beklagen. Was geschieht in solch radikalem Wandel der Perspektive?

Einen Zugang kann der so genannte »Sündenbock-Mechanismus« eröffnen, den wir alle kennen: In einer Gruppe oder in einer Gesellschaft, die von Streit und Gewalt zerrissen ist, kann auf einmal dadurch Friede und Eintracht einkehren, dass sich plötzlich alle einmütig gegen einen stellen, ihm die ganze Schuld an ihrem Unfrieden zuschreiben und alle Gewalt auf ihm entladen. Die befriedende Wirkung, die diese Entladung der Gewalt hat, scheint dabei zu bestätigen, dass das Opfer wirklich der Schuldige war. Und wir finden nur allzu gern solche und andere »guten Gründe«, die unsere Gewalt und deren Grundlosigkeit vertuschen sollen. Vor diesem Hintergrund wird der Sichtwandel, den Sacharja beschreibt verständlich. Er besteht darin, dass man den Sündenbock-Mechanismus durchschaut. Er besteht darin, dass man zur Einsicht in das Unrecht des eigenen Verhaltens kommt, dass einem die Unschuld des Opfers aufgeht, dass man die eigene Gewalttätigkeit erkennt.

Was Sacharja hier beschreibt, ist nichts anderes als eine präzise Erläuterung dessen, was es heißt, zum Glauben an Jesus als den Sohn Gottes zu kommen. Anschaulich wird dies an der Gestalt des Hauptmanns unter dem Kreuz, der erkennt, dass derjenige, den sie hingerichtet haben, Gottes Sohn war (Matthäus 27,54). Es gibt keinen harmlosen Heile-Welt-Weg zum Glauben an Jesus als den Sohn Gottes, ohne dass man missversteht, was es heißt, Sohn Gottes zu sein. Der Glaube an Jesus als den Sohn Gottes beginnt vielmehr dort, wo wir auf den blicken, den wir durchbohrt haben (nicht etwa: wo wir auf die blicken, die ihn durchbohrt haben). Der Glaube beginnt dort, wo wir über unsere eigene Gewalttätigkeit erschrecken. Er beginnt dort, wo wir um ihn weinen und seinen Tod beklagen. Erträglich wird diese Konfrontation mit der eigenen Gewalt für uns freilich nur deshalb, weil Jesus selbst vom Kreuz herab um Vergebung für seine Mörder bittet (Lukas 23, 24).

In diesem Verständnis schließt der Glaube an Jesus als den Sohn Gottes dann aber auch ein, dass wir zur Einsicht in *all* unsere Gewalttätigkeit gelangen, dass wir die Unschuld *aller* unserer Sündenböcke erkennen und sie als unsere unschuldigen Opfer anerkennen, dass wir unsere »guten Gründe« als Selbstbetrug durchschauen. Zum Glauben an Jesus Christus gehört, dass wir nicht nur auf ihn, sondern auf alle blicken, die *wir* durchbohrt haben.

Es gibt viele Arten zu töten:

Man kann einem ein Messer in den Bauch stechen,
einem das Brot entziehen,
einen von einer Krankheit nicht heilen,
einen in eine schlechte Wohnung stecken,
einen durch Arbeit zu Tode schinden,
einen zum Selbstmord treiben,
einen in den Krieg führen
usw.

Bertold Brecht

Nabots Weinberg: 1 Könige 21,1-29

Danach trug sich Folgendes zu. Nabot aus Jesreel hatte einen Weinberg in Jesreel neben dem Palast Ahabs, des Königs von Samarien. Ahab verhandelte mit Nabot und schlug ihm vor: Gib mir deinen Weinberg! Er soll mir als Gemüsegarten dienen; denn er liegt nahe bei meinem Haus. Ich will dir dafür einen besseren Weinberg geben. Wenn es dir aber lieber ist, bezahle ich dir den Kaufpreis in Geld. Doch Nabot erwiderte: Der Herr bewahre mich davor, dass ich dir das Erbe meiner Väter überlasse. Darauf kehrte Ahab in sein Haus zurück. Er war missmutig und verdrossen, weil Nabot aus Jesreel zu ihm gesagt hatte: Ich werde dir das Erbe meiner Väter nicht überlassen. Er legte sich auf sein Bett, wandte das Gesicht zur Wand und wollte nicht essen. Seine Frau Isebel kam zu ihm herein und fragte: Warum bist du missmutig und willst nicht essen? Er erzählte ihr: Ich habe mit Nabot aus Jesreel verhandelt und ihm gesagt: Verkauf mir deinen Weinberg für Geld, oder wenn es dir lieber ist, gebe ich dir einen anderen dafür. Doch er hat geantwortet: Ich werde dir meinen Weinberg nicht geben. Da sagte seine Frau Isebel zu ihm: Du bist doch jetzt König in Israel. Steh auf, iss, und sei guter Dinge! Ich werde dir den Weinberg Nabots aus Jesreel verschaffen.

Sie schrieb Briefe im Namen Ahabs, versah sie mit seinem Siegel und schickte sie an die Ältesten und Vornehmen, die mit Nabot zusammen in der Stadt wohnten. In den Briefen schrieb sie: Ruft ein Fasten aus, und lasst Nabot oben vor allem Volk Platz nehmen! Setzt ihm aber zwei nichtswürdige Männer gegenüber! Sie sollen gegen ihn als Zeugen auftreten und sagen: Du hast Gott und den König gelästert. Führt ihn dann hinaus, und steinigt ihn zu Tode! Die Männer der Stadt, die Ältesten und Vornehmen, die mit ihm zusammen in der Stadt wohnten, taten, was Isebel ihnen geboten hatte, was in den Briefen stand, die sie ihnen gesandt hatte. Sie riefen ein Fasten aus und ließen Nabot oben vor allem Volk Platz nehmen. Es kamen aber auch die beiden nichtswürdigen Männer und setzten sich ihm gegenüber. Sie standen vor dem Volk als Zeugen gegen Nabot auf und sagten: Nabot hat Gott und den König gelästert. Sogleich führte man ihn aus der Stadt hinaus und steinigte ihn zu Tode.

Darauf ließen sie Isebel melden: Nabot wurde gesteinigt und ist tot. Sobald sie hörte, dass Nabot gesteinigt wurde und tot war, sagte sie zu Ahab: Auf, nimm den Weinberg Nabots aus Jesreel in Besitz, den er dir für Geld nicht verkaufen wollte; denn Nabot lebt nicht mehr; er ist tot. Als Ahab hörte, dass Nabot tot war, stand er auf und ging zum Weinberg Nabots aus Jesreel hinab, um von ihm Besitz zu ergreifen.

Da erging das Wort des Herrn an Elija aus Tischbe: Mach dich auf, und geh Ahab, dem König von Israel, entgegen, der in Samaria seinen Wohnsitz hat. Er ist zum Weinberg Nabots hinabgegangen, um von ihm Besitz zu ergreifen. Sag ihm: So spricht der Herr: Durch einen Mord bist du Erbe geworden? Weiter sag ihm: So spricht der Herr: An der Stelle, wo die Hunde das Blut Nabots geleckt haben, werden Hunde auch dein Blut lecken.

(Die Drohung ging am Sohn Ahabs in Erfüllung; vgl. 2 Könige 9,25f).

Fragen

- Wie kommt es dazu, dass Isebel den Plan fasst, Nabot ermorden zu lassen? Welchen Grund gibt Nabot an, warum er den Weinberg nicht hergeben will? Wie stellt Ahab Isebel gegenüber die Verhandlung mit Nabot dar?
- Wie beurteilen Sie die Haltung des Nabot?
- Auf welche Weise wird Nabot von Isebel beseitigt?
- Worin besteht die Anklage des Propheten Elija? Ist diese Anklage berechtigt?

In einer Nacht im November

In einer Nacht im November, zwei oder drei Jahre vor dem Abend, da ich in meinem Rücken ein Lachen zu hören vermeinte, kehrte ich über den Pont Royal aufs linke Seine-Ufer nach Hause zurück. Es war eine Stunde über Mitternacht: ein feiner Regen fiel, ein Nieseln vielmehr, das die vereinzelten Fußgänger verscheuchte. Ich kam eben von einer Freundin, die nun gewiss bereits schlief. Ich war glücklich über diesen Gang durch die Nacht, ein wenig benommen, und das Blut, das meinen beruhigten Körper durchpulste, war sanft wie der Regen. Auf der Brücke erblickte ich eine Gestalt, die sich über das Geländer neigte und den Fluss zu betrachten schien. Im Näherkommen gewahrte ich, dass es eine schlanke, schwarz gekleidete junge Frau war. Zwischen dem dunklen Haar und dem Mantelkragen war ein frischer, regennasser Nacken sichtbar, der mich nicht gleichgültig ließ. Eine Sekunde lang zögerte ich, dann setzte ich meinen Weg fort. Auf dem anderen Ufer schlug ich die Richtung zum Place Saint-Michel ein, wo ich wohnte. Ich hatte schon etwa fünfzig Meter zurückgelegt, als ich das Aufklatschen eines Körpers auf dem Wasser hörte; in der nächtlichen Stille kam mir das Geräusch trotz der Entfernung ungeheuerlich laut vor. Ich blieb jäh stehen, wandte mich jedoch nicht um. Beinahe gleichzeitig vernahm ich einen mehrfach wiederholten Schrei, der flussabwärts trieb und dann plötzlich verstummte. In der unvermittelt erstarrten Nacht erschien mir die zurückgekehrte Stille endlos. Ich wollte laufen und rührte mich nicht. Ich glaube, dass ich vor Kälte und Fassungslosigkeit zitterte. Ich sagte mir, dass Eile Not tat und fühlte, wie eine unwiderstehliche Schwäche meinen Körper überfiel. Ich habe vergessen, was ich in jedem Augenblick dachte. »Zu spät, zu weit weg ...« oder etwas Derartiges. Regungslos lauschte ich immer noch. Dann entfernte ich mich zögernden Schrittes im Regen. Ich benachrichtigte niemand.

Albert Camus

Fragen

- Wie beurteilen Sie das Verhalten des Erzählers? Welche Grundeinstellung kommt darin zum Ausdruck?
- Erleben Sie ähnliche Verhaltensweisen in Ihrem Alltag? Bringen Sie Beispiele. Worin sehen Sie die Gründe für solches Verhalten?

Versöhnen – »Sich wieder in den Arm nehmen«

Warum tut er das?
Warum umarmt er mich,
statt mich zu schlagen?
Ich hätte es nicht anders verdient –
nach allem, was geschehen ist.
Als ich weglief
in der Nacht,
nach meinem 18. Geburtstag –
habe ich da nach ihm gefragt?
Als ich mein Geld durchbrachte
in den Kneipen,
mit den Mädchen,
an den Spielautomaten –
habe ich da je an ihn gedacht?
Warum weint er jetzt mit mir?
Warum liebt er mich noch?
Warum vergibt er mir,
noch ehe ich ihm sagen kann,
wie sehr mir alles Leid tut?
Ich weiß keinen Grund.

Es ist unbegreiflich,
unerklärlich,
über alles menschliche Maß.

10. Kapitel
Ethisch handeln und (doch) glücklich sein!
Das Ziel des guten Leben

Medientipp:

Trickfilm: »Der Stein des Sisyphos«, 8 Min (F), DDR 1988, Sieglinde Hamacher [Reg.], DEFA [Prod.] (VIDEOFILM)
Der antike Mythos von Sisyphos wird in diesem Beitrag thematisiert. Sisyphos ist dazu bestimmt, ein Leben lang einen Stein den Berg hinaufzuwälzen. Im Laufe der Jahre bekommt der Stein ein Gesicht, er wird kleiner, die Leidenslast verringert sich für Sisyphos. Mensch und Stein (Leid) sind in Beziehung gekommen. Doch dann, durch ein Versehen, stößt Sisyphos den Stein in einen Abgrund ...

Literaturhinweise:

Bernhard Grom: Damit das Leben gelingt, München (Kösel-Verlag) 1997.
Der in Fragen zur Persönlichkeitsentwicklung erfahrene Autor greift wichtige Themen aus dem Bereich der Lebenshilfe auf: Selbstachtung, Beziehung(en), Lebenssinn und Gebrauchtwerden, Engagement, Naturerleben bis hin zu Krankheit und Tod. Der Autor legt überzeugend dar, dass in die Suche nach Gelingen des Lebens religiös-ethische Überlegungen mit einbezogen werden müssen.

Deutscher Erwachsenenkatechismus, Band 2: Die Antwort des Glaubens als Ja zu Gott; Grundformen der Vergötzung und Wege geglückten Lebens (S. 157-167)

Zur Einführung

Ethik hat für uns oft den Beigeschmack der unumgehbaren, leidigen Pflicht. Gebote und Verbote müssen beachtet und befolgt werden. Die Ethik tritt mit dem Anspruch eines unbedingten »Du sollst!« an uns heran. Wer ein ethisches Leben führen will, für den scheint es geradezu ausgeschlossen, sein persönliches Glück, die Verwirklichung seiner eigenen Interessen zu verfolgen. Manchmal scheint es sogar, dass ein ethisches Leben dazu führt, dass man sich selbst aufopfern und aufgeben muss. Eine solche Sicht der Ethik hat heute freilich kaum eine Chance, auf Annahme oder gar Begeisterung zu stoßen. Sie schreckt eher ab. Andererseits aber ist es in Erinnerung zu rufen, dass diese Sicht der Ethik nicht zu allen Zeiten bestimmend war. Sie prägt unsere Vorstellung erst seit der Aufklärung des 18. Jahrhunderts. Die ganze Antike und das ganze christliche Mittelalter verstanden dagegen Ethik als Lehre vom wahrhaft guten und geglückten Leben. Sie fragten danach, wie der Mensch so leben kann, dass er wahrhaft Erfüllung in seinem Leben findet.

Es scheint, dass wir heute diese Auffassung von Ethik wieder stärker ins Bewusstsein bringen müssen. Dies scheint gerade auch von einem christlichen Standpunkt aus wichtig, für den Gott nicht ein unterdrückender Gott ist, sondern ein Gott, der das Glück und die Erfüllung des Menschen will.

Sicher bedeutet ethisch leben, einen übergeordneten Standpunkt einzunehmen, und damit immer auch, dass wir unsere engen eigenen egoistischen Interessen zurückstellen und verabschieden müssen. Aber dies muss nicht bedeuten, dass wir uns selbst aufgeben. Ethisch leben kann in vielen Fällen mit unseren wohlverstandenen und langfristigen Interessen in Einklang stehen. Ethisch leben kann dazu führen, dass wir – jenseits der sofortigen Befriedigung unserer unmittelbaren Bedürfnisse – auf einer tieferen Ebene ein erfülltes und geglücktes Leben finden.

In folgenden, letzten Kapitel wollen wir über diesen Zusammenhang von Ethik und geglücktem Leben nachdenken. Damit wollen wir zum Abschluss noch einmal betonen, dass erst verantwortliches Leben sinn-volles, zufriedenstellendes Leben ist.

Erfahrungen

Wer nicht sein Kreuz auf sich nimmt und mir nachfolgt, ist meiner nicht würdig.
Wer das Leben gewinnen will, wird es verlieren; wer aber das Leben um meinetwillen verliert, wird es gewinnen.

Matthäus 10, 38f

Ich schlief und träumte das Leben sei Freude.

Ich erwachte und sah das Leben war Pflicht.

Ich handelte und begriff die Pflicht ist Freude.

Rabindranath Tagore

Moral ist, wenn man so lebt, dass es gar keinen Spaß macht, so zu leben.

Edith Piaf

Gern dien' ich den Freunden, doch thu ich es leider mit Neigung
Und so wurmt es mich oft, dass ich nicht tugendhaft bin.

Da ist kein anderer Rat, du musst suchen, sie zu verachten,
Und mit Abscheu alsdann thun, wie die Pflicht dir gebeut.

Friedrich Schiller

Suchen und Fragen

Su-chen und fra-gen, hof-fen und sehn, mit-ein-an-der glau-ben und sich ver-stehn, lach-end sich öff-nen, tan-zen, be-frein: So spricht Gott sein Ja, so stirbt un-ser Nein. So spricht Gott sein Ja, so stirbt un-ser Nein.

2. Klagende hören, Trauernde seh'n,
aneinander glauben und sich versteh'n,
auf uns're Armut läßt Gott sich ein:
So spricht Gott sein Ja,
so stirbt unser Nein.

3. Planen und bauen, Neuland begeh'n,
füreinander glauben und sich versteh'n,
leben für viele, Brot sein und Wein:
So spricht Gott sein Ja,
so stirbt unser Nein.

Text und Musik:
Heinz Martin Lonquich;
Rechte beim Autor

Das Glück kann nicht wie ein mathematischer Lehrsatz bewiesen werden, es muss empfunden werden, wenn es da sein soll. Daher ist es wohl gut, es zuweilen durch den Genuss sinnlicher Freuden von neuem zu beleben; und man müsste wenigstens täglich ein gutes Gedicht lesen, ein schönes Gemälde sehen, ein sanftes Lied hören – oder ein herzliches Wort mit einem Freunde reden, um auch den schöneren, ich möchte sagen, den menschlicheren Teil unseres Wesens zu bilden.

Heinrich von Kleist
an Ulrike von Kleist

**An dem,
was wir tun,
erkennen wir,
was wir sind**

**Arthur
Schopenhauer**

Ethik und Glück unvereinbar

Ethik und Glück scheinen oft unvereinbar zu sein. Wer nach ethischen Grundsätzen handelt, erscheint in unserer Gesellschaft oft gerade als der Dumme. Das Alte Testament ging zunächst von der Annahme aus, dass Tun und Ergehen in einem direkten Zusammenhang stehen: Wer gut handelt, dem ergeht es gut, wer schlecht handelt, dem ergeht es auch schlecht. Im Buch Hiob wird der Zweifel an einem solchen Zusammenhang laut. Dort muss der Gerechte, obwohl er ohne Sünde ist, Leiden ertragen.

Zum Ekel ist mein Leben mir geworden, ich lasse meiner Klage freien Lauf, reden will ich in meiner Seele Bitternis.
Ich sage zu Gott: Sprich mich nicht schuldig, lass mich wissen, warum du mich befehdest.
Nützt es dir, dass du Gewalt verübst, dass du das Werk deiner Hände verwirfst, doch über dem Plan der Frevler aufstrahlst?
Hast du die Augen eines Sterblichen, siehst du, wie Menschen sehen?
Sind Menschentagen deine Tage gleich und deine Jahre wie des Mannes Tage, dass du Schuld an mir suchst, nach meiner Sünde fahndest,
obwohl du weißt, dass ich nicht schuldig bin und keiner mich deiner Hand entreißt?
Deine Hände haben mich gebildet, mich gemacht; dann hast du dich umgedreht und mich vernichtet.
Denk daran, dass du wie Ton mich geschaffen hast. Zum Staub willst du mich zurückkehren lassen.
Hast du mich nicht ausgegossen wie Milch, wie Käse mich gerinnen lassen?
Mit Haut und Fleisch hast du mich umkleidet, mit Knochen und Sehnen mich durchflochten.
Leben und Huld hast du mir verliehen, deine Obhut schützte meinen Geist.
Doch verbirgst du dies in deinem Herzen; ich weiß, das hattest du im Sinn.
Sündige ich, wirst du mich bewachen, mich nicht freisprechen von meiner Schuld.
Wenn ich schuldig werde, dann wehe mir!
Bin ich aber im Recht, darf ich das Haupt nicht erheben, bin gesättigt mit Schmach und geplagt mit Kummer.
Erhebe ich es doch, jagst du mich wie ein Löwe und verhältst dich wieder wunderbar gegen mich.
Neue Zeugen stellst du gegen mich, häufst deinen Unwillen gegen mich, immer neue Heere führst du gegen mich.
Warum ließest du mich aus dem Mutterschoß kommen, warum verschied ich nicht, ehe mich ein Auge sah?
Wie nie gewesen wäre ich dann, vom Mutterleib zum Grab getragen.
Sind wenig nicht die Tage meines Lebens?
Lass ab von mir, damit ich ein wenig heiter blicken kann,
bevor ich fortgehe ohne Wiederkehr ins Land des Dunkels und des Todesschattens, ins Land, so finster wie die Nacht, wo Todesschatten herrscht und keine Ordnung, und wenn es leuchtet, ist es wie tiefe Nacht.

(Ijob 10,1-22)

Ethik und Glück vereinbar

Ethik und Glück müssen sich nicht ausschließen. Oft ist es vielmehr gerade so, dass ethisches Handeln mit dem Glück des Menschen und einem sinnerfüllten Leben sehr wohl vereinbar sind. Eigenes Interesse des Einzelnen und ethisches Verhalten weisen oft in die gleiche Richtung, wenn man beides langfristig und unter einer übergeordneten, nicht subjektiven Perspektive sieht. Ein ethischer Lebensstil kann dazu beitragen, dass Menschen zu ihrer Erfüllung und zur Erfahrung von Sinn gelangen.

Wir müssen den ersten Schritt tun. Wir müssen den Gedanken, ein ethisches Leben zu leben, wieder zu einer realistischen und tragfähigen Alternative zur heutigen materialistischen Selbstsucht machen. Wenn im nächsten Jahrzehnt eine ›kritische Masse‹, eine Kettenreaktion durch Menschen mit anderen Prioritäten, entstehen und sich herausbilden würde, dass diese Menschen in jeder Beziehung gut daran tun, sich so zu verhalten – indem ihre Zusammenarbeit allen Seiten Vorteile bringt, indem sie Freude und Erfüllung in ihrem Leben finden –, dann würde sich die ethische Haltung ausbreiten, und der Konflikt zwischen Ethik und Eigeninteresse wäre erkennbar überwunden, nicht durch abstraktes Denken allein, sondern durch die Übernahme des ethischen Lebens als praktische Lebensform, die in psychologischer, sozialer und auch ökologischer Hinsicht funktioniert.

Jeder Mensch kann Teil der ›kritischen Masse‹ werden, die uns eine Aussicht bietet, die Welt zu verbessern, ehe es zu spät ist. Sie können über ihre Ziele neu nachdenken und sich fragen, was Sie aus Ihrem Leben machen. Wenn Ihre heutige Lebensweise einer unparteiischen Bewertung nicht standhält, können Sie sie ändern. Das kann bedeuten, den Beruf aufzugeben, das Haus zu verkaufen und nach Indien zu gehen, um für eine Hilfsorganisation zu arbeiten. Häufiger wird es jedoch so sein, dass der Entschluss zu einer ethischeren Lebensweise der erste Schritt zu einer allmählichen, aber weitreichenden Entwicklung in Ihrem Lebensstil und Ihren Vorstellungen von Ihrem Platz in der Welt ist. Sie werden sich mit neuen Dingen befassen und feststellen, dass sich Ihre Zielsetzungen verschieben. Wenn Ihre Arbeit Sie interessiert, werden Geld und Status weniger wichtig. Aus Ihrer neuen Perspektive wird die Welt anders aussehen. Eines ist sicher: Sie werden eine Menge lohnender Aufgaben finden. Sie werden sich nicht langweilen oder den Eindruck haben, dass Ihrem Leben die Erfüllung fehle. Und am wichtigsten von allem, Sie werden wissen, dass Sie nicht umsonst gelebt haben und gestorben sein werden, denn Sie werden in die große Tradition derer eingegangen sein, die auf das Ausmaß von Schmerzen und Leiden in der Welt damit reagiert haben, dass sie versuchten, die Welt zu einem besseren Ort zu machen.

Peter Singer

Goldmarie und Pechmarie – oder: Wie man sein Glück finden und verfehlen kann

Ethisches Handeln und glückliches Leben scheinen oft nichts miteinander zu tun zu haben. Wer ethisch zu leben versucht, ist oft der Dumme, während derjenige, der andere übervorteilt und an sich denkt, sein Glück zu machen scheint. Das Märchen von Frau Holle führt uns – gegen diesen Schein – eine Grundwahrheit über den Zusammenhang von ethischem Handeln und geglücktem Leben vor Augen. Vergegenwärtigen wir uns kurz die Geschichte:

In seiner Not und Angst vor der Stiefmutter ist das Mädchen in den Brunnen gesprungen, um die Spindel wieder heraufzuholen. Sie erwacht auf einer Wiese und will nach Hause laufen. Da begegnet sie einem Ofen, aus dem ihr die Brote entgegenrufen: Hol uns heraus, wir sind allesamt ausgebacken! Das Mädchen sieht die Not und – hilft. Ein Stück weiter trifft sie auf einen Apfelbaum, den sie rufen hört: Schüttle mich, meine Äpfel sind allesamt reif! Und wieder tut sie, was die Not beseitigt. So kommt sie schließlich zum Haus der Frau Holle, lässt sich von ihr zum Bleiben überreden, hilft ihr wo sie kann. Erst das Heimweh bringt sie dazu, Frau Holle zu verlassen. Das Märchen erzählt dann weiter, wie Frau Holle sie zum Tor bringt und wie sie beim Durchgehen mit Gold überschüttet wird.

Zu Hause angekommen, erzählt sie, was geschehen ist, und die geliebte und verwöhnte Schwester möchte es ihr nachmachen. Sie will auch das viele Gold bekommen. Sie geht denselben Weg, den Goldmarie gegangen ist. Aber ihr Ziel, ihr einziger Gedanke ist das Gold. Deshalb beachtet sie den Ofen und die Not der Brote nicht, deshalb läuft sie an dem Apfelbaum vorbei. Und am Haus der Frau Holle angekommen, bietet sie ihren Dienst nur an, um dadurch den gleichen Lohn wie ihre Schwester zu erlangen. Die Aussicht auf das Gold bringt sie auch zunächst dazu, zu arbeiten, doch schon bald lässt der Eifer nach, sie tut nur noch das Nötigste. Schließlich meint sie, sie habe jetzt ihren Lohn verdient, geht zu Frau Holle und lässt sich zum Tor bringen. Doch hier geschieht das für sie Überraschende: Statt des erwarteten Goldes fällt Pech auf sie herab und bleibt für ihr ganzes Leben fest an ihr haften.

In dieser Geschichte wird deutlich: Glück ist etwas, das man nur erreicht, wenn man es gerade nicht anstrebt. Je mehr man versucht, sein Glück zu verwirklichen, und je mehr man sich sein Glück zum ausdrücklichen Ziel setzt, um so mehr entzieht es sich. Das Glück stellt sich nur ein in der selbstvergessenen Hingabe an andere.

Dabei erzählt die Geschichte von Frau Holle diese Wahrheit gerade vor dem Hintergrund, dass Goldmarie im alltäglichen Leben die Benachteiligte war, die alles mit sich machen ließ, die gehorsam alles getan hat, was ihr die Stiefmutter befahl, und so die Dumme war. Sie hat ihre Aufgabe erfüllt trotz aller Schelte, die sie täglich zu hören bekam. Das Glück als Lohn hat sie nicht erwartet. – Pechmarie ist dagegen die bevorzugte, geliebte und verwöhnte Tochter. Und so nimmt sie selbstverständlich an, dass ihr der Lohn des Glücks zusteht. Es scheint so, dass das Märchen von Frau Holle sagen will, dass gerade diese verschiedene Ausgangslage der Grund für die unterschiedliche Einstellung der beiden Mädchen zu ihrem Glück ist, damit aber auch der Grund dafür, dass die eine ihr Glück findet, die andere ihr Glück verfehlt.

Streben nach Glück

Die Frage, was das Glück des Menschen ist, hat beinahe ebenso viele Antworten gefunden wie es ethische Theorien gibt. Der Bogen reicht von Geld, Reichtum, Macht, Ruhm über Gesundheit, Sinnenlust, geistige Freuden und Genüsse bis hin zu Liebe, Tugend und Humanität. Die Vielfalt der Glücksvorstellungen lässt sich mit Kant formal als ein Zustand charakterisieren, in dem »alles nach Wunsch und Willen geht«. Einen solchen Zustand der Glückseligkeit beschreiben die Mythen vom Paradies und vom Goldenen Zeitalter ebenso wie die klassischen Utopien und das Märchen vom Schlaraffenland. Ein solches Glück ist zwar imaginativ vorstellbar, aber nicht realisierbar, da eine Harmonisierung aller, doch auch heterogenen Glücksansprüche und -erwartungen nicht möglich ist, sodaß jeder um des Glücks der anderen willen zu einem gewissen Glücksverzicht moralisch verpflichtet ist. Im Hinblick auf den Glücksbegriff ist im Zusammenhang mit ethischen Überlegungen Folgendes festzuhalten:

Das Streben nach Glück ist ein unverzichtbares Moment jedweden menschlichen Handelns. Glück kann nicht unmittelbar und direkt als Ziel an sich selbst erstrebt werden, sondern nur vermittelt über konkrete Ziele, deren Erlangung Befriedigung und damit Glück zu gewähren verspricht.

Glück stellt sich nicht von selbst ein, sondern nur im tätigen Vollzug einer Praxis, deren Gelingen (›Glücken‹) zu einem sinnerfüllten Leben beiträgt.

Glück als Qualität eines sinnvollen, gelungenen, geglückten Lebens kann moralisch nicht geboten werden. Es kann lediglich geboten werden, sich mit seinen Mitmenschen über einen gemeinsamen Sinnhorizont zu verständigen und unter den jeweils gegebenen Bedingungen und Umständen alles daran zu setzen, die als sinnvoll erkannten Ziele auch tatsächlich zu erreichen.

Glück ist kein normativer, sondern ein deskriptiver Begriff der Ethik. Der Mensch soll nicht nach Glück streben, strebt er doch von Natur aus immer schon danach. Vielmehr soll er danach streben, immer und überall nach besten Kräften gut zu handeln, darin besteht letztlich unter moralischem Gesichtspunkt sein Glück, denn: »Die Glückseligkeit ist nicht der Lohn der Tugend, sondern die Tugend selbst.« (B. de Spinoza: Die Ethik, V. Teil, Lehrsatz 42.)

Annemarie Pieper

> **Niemand kann begehren glücklich zu sein, gut zu handeln und gut zu leben, der nicht zugleich begehrte zu sein, zu handeln und zu leben, das heißt wirklich zu existieren.**
>
> **Spinoza**

Am Ende des Wachstums

Quantitativer Irrtum

So reich
waren wir nie
wie heute
so habgierig aber
waren wir auch nie
wie heute

so satt
waren wir nie
wie heute
so unersättlich aber
waren wir auch nie
wie heute

so versichert
waren wir nie
wie heute
so unsicher aber
waren wir nie
wie heute

so viel zeit
hatten wir nie
wie heute
so gelangweilt aber
waren wir auch nie
wie heute

so vielwissend
waren wir nie
wie heute
so sehr die übersicht verloren
haben wir nie
wie heute

so hoch entwickelt
waren wir nie
wie heute
so sehr am ende aber
waren wir nie
wie heute

Wilhelm Willms

Aufgabe

- Versuchen Sie, die Reihe der Strophen weiter fortzuführen.

Sinn als Lebensentwurf

Hielte ich mich für das, was aus mir diese Welt macht – nämlich das Schräubchen des gigantischen Maschinensatzes, der menschlichen Identität beraubt –, dann kann ich wirklich nichts tun ... Dächte ich aber daran, was ursprünglich jeder von uns ist beziehungsweise werden könnte – unabhängig von der Weltlage –, nämlich ein autonomes menschliches Wesen, verantwortungsfähig der Welt und für die Welt, dann kann ich selbstverständlich viel tun.
Zum Beispiel versuchen, mich so zu verhalten, wie es mir richtig scheint und wie nach meiner tiefsten Überzeugung sich alle verhalten sollten – nämlich verantwortungsvoll. Auf den Einwand, dass es keinen Sinn hat, antworte ich einfach: Doch, es hat einen Sinn!

Vaclaw Havel

Einen ersten Hinweis können wir den Wörterbüchern entnehmen. Das deutsche Wort ›Sinn‹ geht nach seiner Wortgeschichte auf das althochdeutsche ›sinan‹ = ›reisen, auf dem Wege sein‹ zurück. Sinn ist demnach der Reiseweg, auf dem einer sich befindet, zugleich das Ziel, auf das er sich zubewegt. Von hier aus können wir die Sinnfrage aufschlüsseln: Wohin bin ich eigentlich unterwegs mit meinem Leben? Was ist mir wichtig, wofür nehme ich mir Zeit? Wofür kann/darf ich mein Leben aufs Spiel setzen? In solchen Fragen wird Leben entworfen, wird eine Gestalt dieses Lebens vorweggenommen, erst ahnend, dann spielerisch phantasierend, irgendwann entschieden, eine Gestalt des Lebens, die werden soll, in der sich unsere Menschwerdung vollenden will.

Sinn, so können wir das vielleicht am deutlichsten kennzeichnen, ist ein Entwurf unseres Lebens – ein Entwurf, nicht eine Theorie über das Leben, die sich durch genau kalkulierte Regeln des Sollens und Dürfens in die Praxis umsetzen ließe. Sinn kann man nur erheben, wenn man sich auf den Weg macht (nicht vorher, aus der abwartenden Distanz des Beobachters). Sinn kann man nur finden, wenn man sich einlässt auf das Leben in der Vielfalt seiner Möglichkeiten. Entwurf – das ist Wagnis, ein Sich-Wagen an das Leben, bei dem alles gewonnen und alles verloren werden kann. In diesem Entwurf steht die Existenz eines Menschen im Ganzen auf dem Spiel.

Hans Grewel

Ein Psychologe über den Sinn des Lebens

Wir müssen lernen und die verzweifelnden Menschen lehren, dass es eigentlich nie und nimmer darauf ankommt, was wir vom Leben noch zu erwarten haben, vielmehr lediglich darauf: was das Leben von uns erwartet! Zünftig philosophisch gesprochen, könnte man sagen, dass es hier also um eine Art kopernikanische Wende geht, so zwar, dass wir nicht mehr einfach nach dem Sinn des Lebens fragen, sondern dass wir uns selbst als die Befragten erleben, als diejenigen, an die das Leben täglich und stündlich Fragen stellt – Fragen, die wir zu beantworten haben, indem wir nicht durch ein Grübeln oder Reden, sondern nur durch ein Handeln, ein richtiges Verhalten, die rechte Antwort geben. Leben heißt letztlich eben nichts anderes als: Verantwortung tragen für die rechte Beantwortung der Lebensfragen, für die Erfüllung der Aufgaben, die jedem Einzelnen das Leben stellt, für die Erfüllung der Forderung der Stunde.

Diese Forderung, und mit ihr der Sinn des Daseins, wechselt von Mensch zu Mensch und von Augenblick zu Augenblick. Nie kann also der Sinn menschlichen Lebens allgemein angegeben werden, nie lässt sich die Frage nach diesem Sinn allgemein beantworten – das Leben, wie es hier gemeint ist, ist nichts Vages, sondern jeweils etwas Konkretes, und so sind auch die Forderungen des Lebens an uns jeweils ganz konkrete.

Diese Konkretheit bringt das Schicksal des Menschen mit sich, das für jeden ein einmaliges und einzigartiges ist. Kein Mensch und kein Schicksal lässt sich mit einem andern vergleichen; keine Situation wiederholt sich. Und in jeder Situation ist der Mensch zu anderem Verhalten aufgerufen. Bald verlangt seine konkrete Situation von ihm, dass er handle, sein Schicksal also tätig zu gestalten versuche, bald wieder, dass er von einer Gelegenheit Gebrauch mache, erlebend – (etwa genießend) Wertmöglichkeiten zu verwirklichen, bald wieder, dass er das Schicksal eben schlicht auf sich nehme. Immer aber ist jede Situation ausgezeichnet durch jene Einmaligkeit und Einzigartigkeit, die jeweils nur eine, eine einzige, eben die richtige ›Antwort‹ auf die Frage zulässt, die in der konkreten Situation enthalten ist.

Viktor E. Frankl

Anleitung zum Glücklichsein

Deswegen sage ich euch: Sorgt euch nicht um euer Leben und darum, dass ihr etwas zu essen habt, noch um euren Leib und darum, dass ihr etwas anzuziehen habt. Ist nicht das Leben wichtiger als die Nahrung und der Leib wichtiger als die Kleidung?

Seht euch die Vögel des Himmels an: Sie säen nicht, sie ernten nicht und sammeln keine Vorräte in Scheunen; euer himmlischer Vater ernährt sie. Seid ihr nicht viel mehr wert als sie?

Wer von euch kann mit all seiner Sorge sein Leben auch nur um eine kleine Zeitspanne verlängern?

Und was sorgt ihr euch um eure Kleidung? Lernt von den Lilien, die auf dem Feld wachsen: Sie arbeiten nicht und spinnen nicht.

Doch ich sage euch: Selbst Salomo war in all seiner Pracht nicht gekleidet wie eine von ihnen.

Wenn aber Gott schon das Gras so prächtig kleidet, das heute auf dem Feld steht und morgen ins Feuer geworfen wird, wieviel mehr dann euch, ihr Kleingläubigen!

Macht euch also keine Sorgen und fragt nicht: Was sollen wir essen? Was sollen wir trinken? Was sollen wir anziehen?

Denn um all das geht es den Heiden. Euer himmlischer Vater weiß, dass ihr das alles braucht.

Euch aber muss es zuerst um sein Reich und um seine Gerechtigkeit gehen; dann wird euch alles andere dazugegeben.

Sorgt euch also nicht um morgen; denn der morgige Tag wird für sich selbst sorgen. Jeder Tag hat genug eigene Plage.

Matthäus 6,25-36

Anleitung zum Unglücklichsein

Die Geschichte mit dem Hammer

Ein Mann will ein Bild aufhängen. Den Nagel hat er, nicht aber den Hammer. Der Nachbar hat einen. Also beschließt unser Mann, hinüberzugehen und ihn auszuborgen. Doch da kommt ihm ein Zweifel:

Was, wenn der Nachbar mir den Hammer nicht leihen will?

Gestern schon grüßte er in Eile.

Aber vielleicht war die Eile nur vorgeschützt, und er hat etwas gegen mich.

Und was?

Ich habe ihm nichts angetan; der bildet sich da etwas ein.

Wenn jemand von mir ein Werkzeug borgen wollte, ich gäbe es ihm sofort.

Und warum er nicht?

Wie kann man einem Mitmenschen einen so einfachen Gefallen abschlagen? Leute wie dieser Kerl vergiften einem das Leben.

Und dann bildet er sich noch ein, ich sei auf ihn angewiesen.

Bloß weil er einen Hammer hat.

Jetzt reicht's mir wirklich. –

Und so stürmt er hinüber, läutet, der Nachbar öffnet, doch bevor der ›Guten Tag‹ sagen kann, schreit ihn unser Mann an: ›Behalten Sie sich Ihren Hammer, Sie Rüpel!‹

Paul Watzlawick

Fragen

- Suchen Sie Beispielsituationen, in denen Sie ähnlich reagiert haben.
- Worin sind Vorurteile oft begründet?
- Wie hätte man die geschilderte Situation zum Guten wenden können?
- Wie lassen sich eigene Vorurteile erkennen? Wie lassen sie sich abbauen?

Abschließende »Ermahnung«

Willst Du ganz für alle da sein, in Nachahmung dessen, der »allen alles« geworden ist, dann lobe ich Deine menschliche Hingabe, doch nur, wenn sie vollkommen ist. Aber könnte sie das sein, wenn Du Dich selber davon ausschließest? Du bist doch auch ein Mensch. Soll deshalb Deine Menschlichkeit umfassend sein, dann muss der alle einbergende Schoß auch Dich mit einschließen. Was frommt es Dir sonst, nach des Herren Wort alle zu gewinnen, falls Du Dich selber verlierst? Somit: wenn alle übrigen Dich besitzen, sei auch Du unter diesen Besitzern. Warum solltest Du als einziger Deiner Selbsthingabe entbehren? ... Wer kann schließlich für jemanden gut sein, der für sich selber bös ist? So denke denn daran – ich sage nicht immer, ich sage nicht oft, aber doch zuweilen bei Dir selber Einkehr zu halten. Tu Dir selber ein Gutes an, mit den übrigen zusammen oder zumindest nach ihnen.

Bernhard von Clairvaux († 1153)

ANHANG

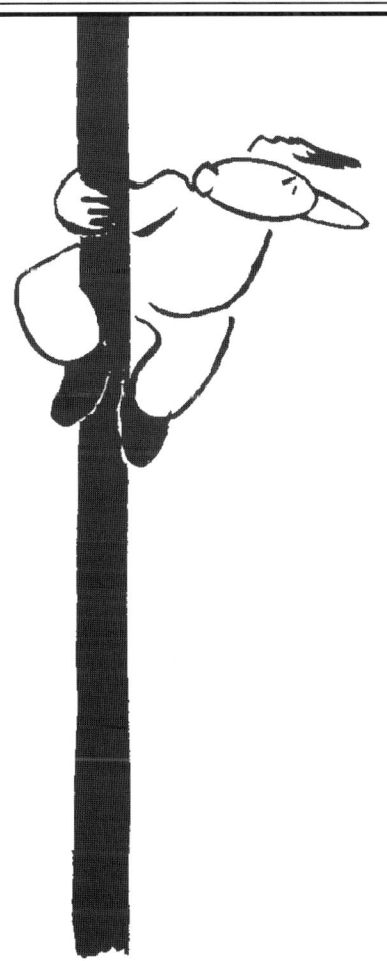

Literatur und Medien

I. Allgemeines

1. Einführungen

Gründel, J. [Hrsg.]: Leben aus christlicher Verantwortung. Ein Grundkurs der Moral, 3 Bände, Düsseldorf 1991-1992.
Böckle, F.: Fundamentalmoral, München 1977.
Böckle, F.: Ja zum Menschen. Bausteine zu einer konkreten Moral, München 1995.
Furger, F.: Ethik der Lebensbereiche. Entscheidungshilfen, Freiburg/Basel/Wien 1985.
Hunold, G. / Laubach, T.: Theologische Ethik. Ein Werkbuch, Stuttgart (UTB 1966) 1997.
Weber, H.: Allgemeine Moraltheologie. Ruf und Antwort, Graz [u.a.] 1991.
Anzenbacher, A.: Einführung in die Ethik, Düsseldorf 1992.
Pieper, A.: Einführung in die Ethik, Tübingen 3. überarb. Aufl. 1994.

2. Nachschlagewerke/Lexika

Neues Lexikon der christlichen Moral, hrsg. von H. Rotter und G. Virt, Innsbruck 1990.
Lexikon der Ethik, hrsg. von O. Höffe, München 4. neubearb. Aufl. 1992.
Wörterbuch Christlicher Ethik, hrsg. von B. Stoeckle, Freiburg/Basel/Wien 3. Aufl. 1983.

3. Medien

VIDEOREIHE: Alles Alltag ... – 10 An-Gebote zum Leben. 13 Filme: Je 30 Min (F) – W.O. Feist / E. Neureuther, BRD 1991/1992.
Eine Filmreihe für die Erwachsenenbildung: Die 13 Filme erzählen von Grenzsituationen aus dem Alltag, in denen eine ethische Entscheidung getroffen werden muss. In Begegnungen und Gesprächen wird den betroffenen Menschen die Tradition der biblischen Gebote nahe gebracht. Ihre Reaktionen darauf sind verschieden. Diese Offenheit soll die Bildungsarbeit mit der Serie ermöglichen und zur Diskussion anregen.

VIDEOREIHE: Christsein im Alltag. 6 Filme: Je 30 Min (F) – Heiner Schmidt, BRD, 1983.
Die Filmreihe versucht darzustellen, dass es nicht die großen Worte, sondern die kleinen Entscheidungen sind, die unser Christsein bestimmen. – Jeder Film zeigt eine in sich geschlossene Spielhandlung, die offen ist für Fragen und Gespräche, und kann in der Bildungsarbeit einzeln, unabhängig von den anderen, eingesetzt werden.

VIDEOREIHE: Dekalog. 10 Filme. Je ca. 55 Min (F) – Krzystof Kieslowski, Polen/BRD 1988.
Welche Gültigkeit besitzen die 10 Gebote im Leben der Menschen heute? In der Filmreihe geht der polnische Regisseur dieser Frage nach. Eine graue Wohnsiedlung am Rande Warschaus ist der Handlungsort für seine Geschichten von Liebe, Kummer, Tod, Glaube, Leid und Freude.

II. Zu einzelnen Themen

Abtreibung

Reiter, J. / Keller, R. [Hrsg.]: Paragraph 218. Urteil und Urteilsbildung, Freiburg/Basel/Wien 1993.

VIDEO: Kurzspielfilm aus der Reihe »Alles Alltag«: »Lasst mich nicht allein – Ungewollte Schwangerschaft«, 30 Min (F), BRD 1994, Erich Neureuther [Reg.] ; SWF [Prod.].
Inge Fuhrmann erwartet – ungewollt – ihr drittes Kind. Haushalt, Beruf und das Sparen auf eine Eigentumswohnung lassen ein drittes Kind kaum zu. Ihr Mann Rainer drängt sie zur Abtreibung, während sie selbst noch zögert. Als sie sich nach vielem Beraten und Gesprächen doch für das Kind entscheidet, kann ihr Mann das weder verstehen noch akzeptieren. Die Ehe gerät in eine schwere Krise

Alter

Schmitt, K. H. / Neysters, P.: Jeder Tag voll Leben. Das Buch fürs Älterwerden, München 1996.
Auer, A.: Geglücktes Altern. Eine theologisch-ethische Ermutigung, Freiburg/Basel/Wien 1995.

Hauser, Th.: Zeit inneren Wachstums. Die späteren Jahre, München 1997.

VIDEO: Animationsfilm »George und Rosemary«, 8 Min (F), Kanada 1987, Macaulay, Eunice [Prod.].
Ein älterer alleinstehender Mann (George) verehrt eine Frau (Rosemary) im gegenüberliegenden Haus. Doch er wagt es nicht, ihr das zu verstehen zu geben. Als er sich doch zu einem Besuch bei ihr aufrafft, erlebt er eine Überraschung: Rosemary teilt seine Sympathie und empfängt ihn mit offenen Armen.

DIASERIE: »Pustekuchen! Älter werden nur die anderen«, 50 Dias f., Text, Kassette (23 + 18 Min), Freiburg: Bild- und Filmstelle der Erzdiözese, 1995.
Das Tonbild schafft einen Zugang zu dem vielschichtigen Themenbereich »Älter werden«. Es ermöglicht persönliche Betroffenheit, basiert auf aktuellen gerontologischen Erkenntnissen und ermutigt zu einer selbstbewussten Lebensgestaltung, ohne dabei die »Schattenseiten« des Älterwerdens zu verschweigen. Es ist bewusst so angelegt, dass es sowohl jüngere Menschen, Menschen in der Lebensmitte, wie auch ältere Menschen anspricht. Mit Arbeitsblättern.

Bergpredigt

Lapide, P.: Die Bergpredigt – Utopie oder Programm?, Mainz 1992.
Lohfink, G.: Wem gilt die Bergpredigt? Beiträge zu einer christlichen Ethik, Freiburg/Basel/Wien 1988.
Berger-Lutz, R.: Bergpredigt. Ökumenischer Arbeitskreis für Bibelarbeit, Basel 1992.

Ehe/Partnerschaft

Schmitt, K.H./Neysters, P.: Zeiten der Liebe. Ein Ehe- und Partnerschaftsbuch, München 1991.
Fraling, B.: Sexualethik. Ein Versuch aus christlicher Sicht, Paderborn [u.a.] 1995.
Copray, N.: Ob das Liebe ist? Die Kunst der Partnerschaft, München 1990.
Eid, V.: Partnerschaft – Ehe – Familie – Leibliches Leben – Kirche, (Leben aus Christlicher Verantwortung, Band 3), Düsseldorf 1992.
Gruber, H. G.: Familie und christliche Ethik, Darmstadt 1995.

VIDEO: Animationsfilm »Das Hemd«, 7 Min (F), CSSR 1988, Satrapova, Marie [Aut.].
Ein jung verliebtes Paar stolpert über seinen Wunsch nach ständiger Nähe. Mann und Frau können sich keine Sekunde aus den Augen lassen. Sie putzen zusammen, kochen zusammen, und nachts stecken sie sogar in einem Hemd, das die Frau genäht hat. Erst als sich beide in der symbiotischen Beziehung gegenseitig die Luft abschnüren und sich trennen, die leidenschaftliche Liebe in leidenschaftlichen Hass umgeschlagen ist, finden beide neue Wege zueinander.

VIDEO: Kurzspielfilm »Mehmet und Maria – Bikulturelle Partnerschaft«, 30 Min (F), BRD, Neureuther, Erich [Reg.] ; SWF [Prod.] = Reihe »Alles Alltag ... II, Teil 15«.
Maria und Mehmet Ürküt, beide berufstätig, sind ein deutsch-türkisches Paar mit einem gemeinsamen kleinen Sohn. Trotz aller Unkenrufe kommen sie gut miteinander aus. Das ändert sich, als Mehmets Vater und zwei seiner Brüder längere Zeit zu Besuch kommen. Mehmet geht in seiner Gastgeberrolle völlig auf, Maria jedoch kommt mit den Belastungen immer weniger zurecht, bis sie schließlich mit dem Kind zu den Eltern abreist.

Euthanasie/Sterbehilfe

Schockenhoff, E.: Sterbehilfe und Menschenwürde. Begleitung zu einem »eigenen Tod«, Regensburg 1991.
Student, J.-Chr. [Hrsg.]: Das Hospiz-Buch, Freiburg 3. aktual. u. erg. Aufl. 1994.

VIDEO: Dokumentarfilm: »Tod auf Verlangen«, 57 Min (F), Niederlande 1994, Mararten Nederhorst [Reg.].
Dokumentiert wird der Fall einer Sterbehilfe an einem unheilbar an ALS erkrankten Mann. Die neue Gesetzgebung in den Niederlanden erlaubt es Ärzten, unter strengen Bedingungen, Sterbehilfe zu leisten. Der sensibel gedrehte Film macht die Schwere der Entscheidung für alle Beteiligten deutlich.

Freiheit

VIDEO: Trickfilm »E«, 7 Min (F), Kanada 1981, Pojar, Bretislaw [Reg.] ; Office national du film du Canada [Prod.].
Ein einfacher Bürger leidet an einer Augenkrankheit, er sieht »B« statt »E«. Mit einer Brille wird sein Sehfehler korrigiert. Der König, der dasselbe Leiden hat, weigert sich, eine Brille zu tragen. Aus diesem Grund muss das Volk nun auch seine verzerrte Sicht der Dinge annehmen.

VIDEO: Trickfilm »Manipulation«, Großbritannien 1991, Daniel Greaves [Reg.], Tandem Films London [Prod.].
Ein Zeichner entwirft ein Männchen. Die Figur gefällt ihm nicht, er zerknüllt das Papier. Das Männchen lässt sich das nicht gefallen und beginnt ein Eigenleben. Der Schöpfer will seine Macht zurückgewinnen, doch der Kampf hat erst begonnen.

Freizeit

Geißler, K. A.: Zeit leben. Vom Hasten und Rasten, Arbeiten und Lernen, Leben und Sterben, Weinheim [u.a.] 1992.

Pöggeler, F.: Grundlagen einer Ethik der Freizeit, in: Katholische Bildung, 98. Jg., 4/1997, S. 145-158.

Rüenaurer, H./Zingel, H.: Den Sonntag feiern, München 1992.

DIASERIE: »Tourismus – Ein Phänomen unserer Zeit«, Knauf, G. [Aut.], 12 Dias f., Text, Köln:Vista-Point, 1991

Die Anfänge des Tourismus reichen bis in die Antike zurück. Der Massentourismus ist allerdings erst eine Erscheinung unseres Jahrhunderts. Wie es zu diesem Phänomen gekommen ist und welche Auswirkungen der Tourismus auf Ökologie und Ökonomie, auf Transportmittel und Beherbergungsformen, auf Gesellschaft und Politik hat, wird in den Dias dargestellt.

Fremde

Fuchs, O. [Hrsg.]: Die Fremden, Düsseldorf 1988.

VIDEO: Dokumentationsfilm »Ich war fremd – Identität verlieren oder gewinnen«, 15 Min (F), BRD 1992, Rzitka, Johannes / Kronawitter, Max [Prod.].

In Interviews greift der Filmbeitrag gängige (Vor-) Urteile und Meinungen der Bundesbürger/innen zur Ausländerfrage auf. Berechtigte und (jedoch mehr) unberechtigte Argumente kommen zur Sprache. Gut geeignet als Anspielfilm für die weitere Beschäftigung mit dem Thema.

Gentechnik

Gebhard, U. / Johannsen, F.: Gentechnik als ethische Herausforderung: Anregungen und Materialien für die Sekundarstufe II, Gütersloh 1990.

Eibach, U.: Gentechnik – der Griff nach dem Leben: Eine ethische und theologische Beurteilung, Wuppertal 2. Aufl. 1988.

VIDEO: Dokumentationsfilm »Die neuen Wahrsager – Segen und Fluch der Humangenetik«, 35 Min (F), BRD 1994, Riedel, Marianne [Reg.] ; ZDF [Prod.].

Der Film beschäftigt sich mit den Anwendungen der Gentechnik in der genetischen Beratung und pränatalen (vorgeburtlichen) Diagnostik sowie in der prädiktiven Medizin. Neben Interviews mit Spezialisten werden ein Ehepaar mit behinderten Kindern und ein an Chorea Huntington erkrankter Künstler gezeigt. Aus der ZDF-Reihe »Kontakte«.

VIDEO: Dokumentationsfilme »Biotechnologie« – Folgen 9-13, je 20 Min (F), BRD 1986, Samal, Helge M. [Prod.].

Die Folgen enthalten Informationen zu den Themen: Wege zum künstlichen, biologisch aktiven Gen, Gentechnologie als Weg zur billigen und effektiven Herstellung z.B. von Insulin, Gene zur Veränderung von pflanzlichen Eigenschaften, Antikörper und ihre Funktion, Zukunftsperspektive der Biotechnologie.

VIDEO: Report »...mit dem christlichen Glauben unvereinbar? Ethische Probleme der Humangenetik«, 19 Min (F), BRD 1986, Lettenmeier, Martin [Reg.]

Der Film zeigt die theoretischen Grundlagen und die praktische Durchführung der pränatalen Diagnostik, Möglichkeiten und Gefahren, sowie weitergehende Perspektiven (z.B. Gentherapie) werden von Fachleuten erörtert. Abschließend werden ethische Fragestellungen diskutiert.

Gewalt

Huber, W.: Die tägliche Gewalt. Gegen den Ausverkauf der Menschenwürde, Freiburg/Basel/Wien 1993.

Rauchfleisch, U.: Allgegenwart von Gewalt, Göttingen 1992.

DIASERIE: »Gewalt in der Kunst«, Dornhaus, Ellen R. [Aut.], 12 Dias f., Text, Köln: Vista Point, 1994.

Die Diaserie greift 12 unterschiedliche künstlerische Auseinandersetzungen zum Thema Gewalt auf. Die Bilder sind (einzeln) gut für die Gesprächsanregung und Themenvertiefung einsetzbar. Künstler/innen: Magritte, Picasso, Hopper, Bacon, Warhol, Kienholz, Krier, Ndlovu, Richter, Trockel, Naumann, Horn.

VIDEO: Spielfilm »Die Welle«, 42 Min (F), USA 1981, Alex Grasshoff [Reg.].

Lehrer Ross führt in seinem Geschichtsunterricht ein bemerkenswertes Experiment durch. Da seine Schüler nicht begreifen können, warum so viele Menschen der nationalsozialistischen Ideologie erlegen sind, entschließt er sich, im Unterricht durch Disziplin und Strenge eine vergleichbare faschistische Bewegung (»Die Welle«) zu erzeugen. Der Versuch gelingt und wird ein erschütterndes Lehrbeispiel, an der Grenze pädagogischer Verantwortung.

Gewissen

Schockenhoff, E.: Das umstrittene Gewissen. Eine theologische Grundlegung, Mainz 1990.

VIDEO: Dokumentation »Tödliche Kombination – Alkohol am Steuer«, 15 Min (F), BRD 1992, Schraut, Roland [Prod.].

Tödlicher Ausgang eines Verkehrsunfalls, als Folge einer Autofahrt unter Alkohohleinfluss. Das Opfer ist Markus, ein 21-jähriger Wachsoldat. In der Form einer authentischen Berichterstattung bringt der Film die Aussagen der Betroffenen: des Unglücksfahrers, der den Unfall nach dem Besuch einer Party verursachte, des Vaters und der Schwester von Markus sowie eines Freundes. Bilder, die das Leid, die Hoffnungslosigkeit aber auch die Bereitschaft zur Versöhnung wiedergeben, führen den Zuschauer an die lebenslänglichen Folgen eines leichtfertigen Handelns heran, machen es möglich, die Lage aller Beteiligten zu verstehen.

Medien

VIDEO: Spielfilm »Bis zum letzten Level«, 23 Min (F), Bertram Rotermund [Reg.], Medienwerkstatt Freiburg [Prod.].
Höchste Spannung in der Clique der Gameboy-Spieler. Shredder verfolgt eine ihrer Freundinnen. Die Kinder bieten ihr ganzes spielerisches Können auf, um sie zu retten. Der Film ist für Kinder und auch Eltern geeignet. Zum einen wird die Erlebniswelt der Kinder ernst genommen, andererseits erschließt der Film den Erwachsenen, die oft mit Unverständnis auf das Gameboy-Fieber reagieren, die Faszination der Computerwelt.

VIDEO: Animationsfilm »Netsurfer«, 5 Min (F), BRD 1996, Keller, Bodo [Reg.]
Nachts schleicht sich ein Junge zum Computer und startet trotz des Appells »warning« zu einer Surftour durch virtuelle Realitäten. Sie führt ihn durch die Standartszene der einschlägigen Spiele, durch Kulissen von Spielfilmen und Fernsehserien. Erst am Ende kommt die »reale« Realität wieder ins Spiel.

Menschliches Leben

Grewel, H.: Recht auf Leben. Drängende Fragen christlicher Ethik, Göttingen 1990.
Schockenhoff, E.: Ethik des Lebens. Ein theologischer Grundriss, Mainz 1993.

Sinn und Glück

DIASERIE: »Lebensbilder – Eine Meditation zur Deutung des eigenen Lebens«, 12 Dias f., Text, Kassette (15 Min), Bielefeld EZB 1994.
Die Tonbildmeditation bietet Bilder an, die unser Leben deuten helfen. In ruhigem Tempo werden zehn Lebensbilder entfaltet. Jeder Text endet mit einer Frage. Etwas Musik schafft Gelegenheit, dem Bild nachzuspüren. Gut für die Erwachsenenbildung, insbesonders auch für die Altenarbeit geeignet.

VIDEO: Trickfilm: »Der Stein des Sisyphos«, 8 Min (F), DDR 1988, Sieglinde Hamacher [Reg.], DEFA [Prod.].
Der antike Mythos von Sisyphos wird in diesem Beitrag thematisiert. Sisyphos ist dazu bestimmt, ein Leben lang einen Stein den Berg hinaufzuwälzen. Im Laufe der Jahre bekommt der Stein ein Gesicht, er wird kleiner, die Leidenslast verringert sich für Sisyphos. Mensch und Stein (Leid) sind in Beziehung gekommen. Doch dann, durch ein Versehen, stößt Sisyphos den Stein in einen Abgrund ...

Sünde und Schuld

VIDEO: Spielfilm »Dead Man Walking – Sein letzter Gang«, 120 Min (F), USA 1995, Robbins, Tim [Reg.].
Die kath. Ordensschwester Helen Prejean übernimmt aus Gefälligkeit die Begleitung des zum Tode verurteilten Matthew Poncelet. Dieser hat, gemeinsam mit einem Komplizen, zwei Menschen brutal umgebracht. Zwischen der Schwester und dem Gefangenen entwickelt sich langsam ein Vertrauensverhältnis und wenige Stunden vor der Hinrichtung stellt sich Poncelet zu seiner Tat. (Oscar-Auszeichnung für die Hauptdarstellerin Susan Sarandon.)

VIDEO: Dokumentationsfilm »Sündigen ja – Beichte nein. Vom Umgang mit der alltäglichen Schuld«, 30 Min (F), BRD 1994, Martin Blachmann [Reg.].
Der Filmbeitrag aus der Reihe »Gott und die Welt« zeigt je vier Frauen und Männer in Interviewsequenzen, die über ihre persönlichen Beichterfahrungen, auch aus der Kindheit, berichten. Die Beiträge machen exemplarisch die Schwierigkeiten deutlich, die viele Menschen heute beim Thema Schulderfahrung, Bußpraxis, Sünde etc. haben.

Tugenden

Mieth, D.: Die neuen Tugenden. Ein ethischer Entwurf, Düsseldorf 1984.
Kutschki, N.: Kardinaltugenden. Alte Lebensmaximen neu gesehen, Würzburg 1993.
Häring, B.: Wege zum Sinn. Eine zeitgemäße Tugendlehre, Graz/Wien/Köln 1997.

DIASERIE: »Du bist es wert«, 18 Dias f., Text, Kassette; Aachen: Bergmoser & Höller 1996.
Diameditation über die Wiederentdeckung der Kardinaltugenden »Tapferkeit, Mäßigkeit, Gerechtigkeit und Klugheit«. Die anspruchsvollen Textbeiträge nehmen in aktuellen Beispielen die neu erwachte Diskussion der Grundwerte auf. Fünf Bildmotive aus der Kunst werden mit Realfotos gemischt.

VIDEO: Trickfilm »Ein guter Tag«, 8 Min (F), Frankreich 1994, Matthias Bruhn [Reg.].
Ein guter Tag im Leben einer Trickfilmfigur. Für seinen Traum setzt sie sich allen Bosheiten des Lebens entgegen, um am Ende für ein gutes Herz belohnt zu werden. Ein Filmbeitrag über Gewalt, Rassismus, Sehnsüchte und Liebe.

Umwelt

Teutsch, G.: Lexikon der Umweltethik, Göttingen 1985.
Stoeckle, B. [Hrsg.]: Wörterbuch der ökologischen Ethik, Freiburg/Basel/Wien 1986.
Auer, A.: Umweltethik. Ein theologischer Beitrag zur ökologischen Diskussion, Düsseldorf 2. Aufl. 1985.

Schmitz, Ph.: Ist die Schöpfung noch zu retten? Umweltkrise und christliche Verantwortung, Würzburg 1985.

Lochbühler, W.: Verlautbarungen des katholischen Lehramtes zur Umweltproblematik. Eine Übersicht, in: theologie der gegenwart, 40 (1997) 37-53.

Zukunftsfähiges Deutschland. Ein Beitrag zu einer global nachhaltigen Entwicklung, Studie des Wuppertaler Instituts für Klima, Umwelt, Energie GmbH, hrsg. von Misereor und BUND, Basel/Boston/Berlin 1996.

VIDEO: Animationszeichentrickfilm »Der Mann, der Bäume pflanzte«, 27 Min (F), Kanada 1987, Back, Frédéric [Reg.].

Der Film – nach der gleichnamigen Erzählung von Jean Giono – schildert die Geschichte des Schäfers Bouffiers, der im Hochland der Provence unermüdlich Bäume in das ausgedörrte Land pflanzt. So kann sich die Natur erholen. Mit den Bäumen kehrt das Grundwasser zurück und auch die Menschen besiedeln die ehemals verlassene Hochebene wieder.

VIDEO: Animationsfilm »Unkraut«; 5 Min (F), BRD 1990, Stellmach, Thomas [Reg./Prod.].

Dargestellt wird das Leben einer Schnecke auf einem winzigen Unkrautflecken inmitten grauen Steins. Was ihr wundersam und paradiesisch erscheint, ist Straßenbauern Anlass zu letzten Ausbesserungsarbeiten an einer riesigen Plattenfläche. Auf die Bedrohung ihres Lebens reagiert die Schnecke auf ungewöhnliche Weise.

Werte und Normen

Gründel, J.: Normen im Wandel. Eine Orientierungshilfe für christliches Leben heute, München 1980.

VIDEO: Zeichentrickfilm »Das Dorf«, 15 Min (F), Großbritannien 1992, Mark Baker [Reg.].

Der Animationsfilm zeigt die Bewohner eines Dorfes, welche zwieträchtig miteinander leben. Heuchelei, Verleumdung, Raffgier, Neid, Missgunst, Faulheit und Ausgrenzung spiegeln die moralische Haltung dieser Menschen. Nur der Gärtner, ein Außenseiter, ist ehrlich und sympathisch. Eines Tages geschieht ein Mord, der dem Gärtner angelastet wird. Er soll hingerichtet werden, doch gelingt ihm rechtzeitig die Flucht. Die filmische Darstellung bietet eine Fülle Diskussionsmaterial und regt auf verschiedenen Ebenen Fragestellungen über Normen und Werte, Ethik und mitmschliche Gemeinschaft an.

Zehn Gebote

Crüsemann, F.: Bewahrung der Freiheit. Das Thema des Dekalogs in sozialgeschichtlicher Perspektive, Gütersloh 1993.

III. Verlautbarungen der Kirchen

Katechismus der Katholischen Kirche, Vatikanstadt/München [u.a.] 1993.

Johannes Paul II: Enzyklika »Veritatis splendor« 1993.

Katholischer Erwachsenen-Katechismus – Zweiter Band: Leben aus dem Glauben, hrsg. von der Deutschen Bischofskonferenz 1995.

Erklärungen römischer Kongregationen und Räte:

Erklärung der Kongregation für die Glaubenslehre zur Euthanasie (1980).

Instruktion der Kongregation für die Glaubenslehre über die christliche Freiheit und Befreiung (1986).

Instruktion der Kongregation für die Glaubenslehre über die Achtung vor dem beginnenden menschlichen Leben und die Würde der Fortpflanzung (1987).

Päpstlicher Rat »Iustitia et Pax«, Die Kirche und die Menschenrechte (1976 und 1991).

Hirtenschreiben der Deutschen Bischöfe:

Zukunft der Schöpfung – Zukunft der Menschheit (1980).

Gerechtigkeit schafft Frieden (1983).

Für das Leben. Pastorales Wort zum Schutz der ungeborenen Kinder (1986).

Das Leben des ungeborenen Kindes (1986).

Schwerstkranken und Sterbenden beistehen (1991).

Menschenwürde und Menschenrechte von allem Anfang an. Gemeinsames Hirtenwort der deutschen Bischöfe zur ethischen Beurteilung der Abtreibung (1996).

Gemeinsame Erklärungen der Deutschen Bischofskonferenz und des Rates der Evangelischen Kirche in Deutschland:

Ja zur Ehe (1981).

Den Sonntag feiern (1984).

Unsere Verantwortung für den Sonntag (1988).

Gott ist ein Freund des Lebens. Herausforderungen und Aufgaben beim Schutz des Lebens (1989).

Organtransplantation (1990).

Chancen und Risiken der Mediengesellschaft (1997).

Die genannten Hirtenschreiben und Gemeinsamen Erklärungen sowie die Erklärungen römischer Kongregationen und Kommissionen finden sich in den vom Sekretariat der Deutschen Bischofskonferenz herausgegebenen Druckschriften und können bezogen werden über:

Sekretariat der Deutschen Bischofskonferenz, Kaiserstraße 163, 53113 Bonn

Erklärungen der Evangelischen Kirchen:

Zur Achtung vor dem Leben. Maßstäbe für Gentechnik und Fortpflanzungsmedizin. Kundgebung der Synode der EKD, hrsg. vom Kirchenamt der EKD, Hannover 1987 (EKD Texte 20).

Von der Würde werdenden Lebens. Extrakorporale Befruchtung, Fremdschwangerschaft und genetische Beratung. Eine Handreichung der EKD zur ethischen Urteilsbildung, hrsg. vom Kirchenamt der EKD, Hannover 1985 (EKD Texte 11).

Ehe und nichteheliche Lebensgemeinschaften. Position und Überlegungen aus der EKD, hrsg. vom Kirchenamt der EKD, Hannover 1985 (EKD Texte 12).

Wie viele Menschen trägt die Erde? Ethische Überlegungen zum Wachstum der Weltbevölkerung. Eine Studie der Kammer für kirchlichen Entwicklungsdienst, hrsg. vom Kirchenamt der EKD, Hannover 1994.

Schöpfungsglaube und Umweltverantwortung. Eine Studie des Theologischen Ausschusses der VELKD, hrsg. von H. Chr. Knuth / W. Lohff, Hannover 1985.

Gewalt und Gewaltanwendung in der Gesellschaft, hrsg. von der Kammer für öffentliche Verantwortung der EKD, Gütersloh 1973.

Die neuen Informations- und Kommunikationstechniken. Chancen, Gefahren, Aufgaben verantwortlicher Gestaltung, hrsg. vom Kirchenamt der EKD im Auftrag des Rates der EKD, Gütersloh 1985.

Aufgaben und Grenzen kirchlicher Äußerungen zu gesellschaftlichen Fragen, hrsg. vom Rat der EKD, Gütersloh 1970.

Zur Verantwortung des Menschen für das Tier als Mitgeschöpf. (EKD-Texte 41)

Asylsuchende und Flüchtlinge. Zur Praxis des Asylverfahrens und des Schutzes vor Abschiebung (1994; II. Bericht 1995) (EKD-Texte 51 und 55).

EKD-Texte sind zu beziehen bei:
Kirchenamt der EKD, Herrenhäuser Straße 12,
30419 Hannover

Quellennachweis

Abbildungen

25 Peter Kaczmarek/Wolfgang Baaske Cartoons – 31 © Horst Haitzinger – 38 Rechte beim Künstler – 41 Quelle unbekannt – 42 Aus: Claire Bretécher, Die Frustrierten I. Copyright © 1978 by Rowohlt Verlag GmbH, Reinbek – 46, 50 Jals/Löwensteiner Cartoon Service – 52 Ernst Alt, Jude mit Thora, 1975, Aquarell und Feder (Original 36 x 48 cm), aus: Ernst Alt, 24 Bilder. Diaserie. Kösel-Verlag, München 1978 – 53 Thomas Zacharias, Bundesschluss am Sinai, aus: Günter Lange, Bilder des Glaubens. 24 Farbholzschnitte zur Bibel von Thomas Zacharias. Kösel-Verlag, München 1978 – 54 »Ago, ergo sum.« Zeichner unbekannt – 56 epd-Bild, Stuttgart – 58 Marc Chagall, Mose empfängt die Gesetzestafeln, Tuschezeichnung. ©VG Bild-Kunst, Bonn 1997 – 62 Paul König, Gespaltenes Kreuz, aus: suchen und glauben. Religionsunterricht 7./8. Schuljahr, Teil: Schuld – Vergebung – Umkehr. Morus Verlag, Berlin 1987, 15, S. 65 – 66 KNA-Bild, Frankfurt – 67 KNA-Bild, Frankfurt – 69 Azaria Mbatha, Die Bergpredigt, 1962. Rechte beim Künstler – 74 Aus: Thomas Zacharias, Radierungen zur Bibel. © 1993 Deutsche Bibelgesellschaft, Stuttgart – 79 Heinz Langer/W. Baaske Cartoons – 80 oben: © Ivan Steiger – unten: (c) Günther Weber – 82 Abaelard, Strichzeichnung, aus: Luis E. Bacigalupo, Intención y Conciencia en la Etica de Abelardo. Pontificia Universidad Catolica del Peru. Fondo Editirial 1992 (Titelmotiv) – 84 Engel, Beatus-Apokalypse, Spanien 10. Jh. – 85 Zeichner unbekannt – 89 Lothar Ursinus/W. Baaske Cartoons – 94 © Fred Marcus/Holland – 95 © W. Hanel – 96 Kurt Reimann/W. Baaske Cartoons – 98 Jupp Wolter. Rechte: Hella Wolter – 101 Paul Reding, Der barmherzige Samariter. ©VG Bild-Kunst, Bonn 1997 – 104 © Marie Marcks – 106 Eselsgrafik, aus: Jamie Walker, Gewaltfreier Umgang mit Konflikten in der Sekundarstufe I. Cornelsen Scriptor, Berlin 1995, S. 23 – 112 Auf dem fünften Planeten, aus: Der Kleine Prinz. © 1956 Karl Rauch Verlag, Düsseldorf – 117 Grafik v. André Barbe, aus: Shut up! Cartoons for Amnesty International (Hrsg.), Hamburg 1978 – 121 Stern/Markus, Hamburg – 122 Grafik v. Jacques Cardon (Ausschnitt). Quelle wie S. 117 – 126 Erik Liebermann/W. Baaske Cartoons – 128 Aus: Wilhelm Busch, Die fromme Helene – 129 M.C. Escher, Befreiung. Lithographie 1955, Detail, Original 43,5 x 20 cm. © 1997 Cordon Art, Baarn/Holland. All rights reserved – 131 © Dietmar Schubert – 132 Kösel-Archiv – 134 oben: Zeichner unbekannt – unten: Jupp Wolter, Rechte: Hella Wolter – 135 oben: Dorothea Layer-Stahl/Löwensteiner Cartoon Service – unten: Erik Liebermann/W. Baaske Cartoons – 136 ©Vladimir Kazanevsky, Kiew/GUS – 137 Zeichner unbekannt – 138 Walter Habdank, Holzschnitt, Text aus Sermo 340, Migne PI 38, 1484. © Walter Habdank, Berg am Starnberger See – 142 © Ivan Steiger, aus: Ivan Steiger sieht die Bibel. Verlag Katholisches Bibelwerk, Stuttgart 1989 – 143 Jan Tomaschoff/W. Baaske Cartoons – 144 © Tim (Lois Mitelberg). Quelle wie S. 117 – 145 Zeichner unbekannt – 146 Walter Habdank, Paulus im Gefängnis, Holzschnitt, aus: 24 Holzschnitte zur Bibel. © 1980 by Kösel-Verlag, München – 152 Burckhard Bütow/W. Baaske Cartoons – 153 oben: © Globus Kartendienst, Hamburg – unten: aus: R. Freericks/W. Nahrstedt/J. Stehr u.a., Neue Alte – Alte(n) Hilfe? Freizeitpädagogik mit älteren Erwachsenen. Bielefeld 1989 – 154 Grafik eines Vogels, nach: Rainer E. Kirsten/Joachim Müller-Schwarz, Gruppen Training. Ein Übungsbuch mit 59 Psycho-Spielen, Trainingsaufgaben und Tests. Rowohlt (sachbuch rororo 6943/1080) 1976 © 1973 by Deutsche Verlags-Anstalt, Stuttgart – 158 Jupp Wolter. Rechte: Hella Wolter – 159 Aus: e.o. plauen, Vater und Sohn, Gesamtausgabe. © Südverlag GmbH, Konstanz 1982. Mit Genehmigung der Gesellschaft für Verlagswerte GmbH, Kreuzlingen/Schweiz – 160 Paul Reding, Besinnung. Holzschnitt. ©VG Bild-Kunst, Bonn 1997 – 162 Illustration v. Günter Fronemann, aus: Petrus Ceelen, So wie ich bin. Patmos Verlag, Düsseldorf ³1984 – 165 Sigmunda May, Lasst sie gewähren, Holzschnitt (Nr. 126). Mit freundlicher Genehmigung der Kongregation der Franziskanerinnen von Sießen e.V. – 169 Zeichner unbekannt – 170 Roland Peter Litzenburger, Der barmherzige Vater, Kugelschreiber 1977 – 174 Jan Tomaschoff/W. Baaske Cartoons – 179 Batik v. Ingritt Neuhaus, aus: Eugen Drewermann/Ingritt Neuhaus, Frau Holle. © 1982 Walter Verlag, Zürich – 183 Jan Tomaschoff/W. Baaske Cartoons – 185 Jules Stauber/W. Baaske Cartoons

Texte/Lieder

11 Ethik, aus: Ethik. Walter de Gruyter Verlag, Berlin 1962 – 30 Aus: Hans Küng, Projekt Weltethos. Piper Verlag, München 1990 – 34 Ein fast alltäglicher Fall, aus: Arbeitsmappe II, Theologische Sequenz Thema Sozialethik. Material und Arbeitshilfen des PTZ Stuttgart und des RPI Karlsruhe – 36 Eine Frau litt, aus: Lawrence Kohlberg, Zur kognitiven Entwicklung des

Kindes. Übers. v. Nils Thomas Lindquist. Suhrkamp Verlag, Frankfurt 1974 – 39 Aus einem Brief, aus: Misereor Arbeitsheft zum Hungertuch »Hoffnung den Ausgegrenzten«, hrsg. v. Bischöflichen Hilfswerk Misereor, Aachen 1996 – 40 Aus: Erich Fromm, Psychoanalyse und Ethik. Übers. v. Paul Stapf u. Ignaz Mueham, überarb. v. Rainer Funk. Deutsche Verlags-Anstalt, Stuttgart 1986 – 41 Quelle wie S. 30 – 46 Friedrich Nietzsche, aus: Also sprach Zarathustra, in: Werke in drei Bänden, Bd. 2. Edition Hanser, München 1994 – Zitate Verena Lenzen, Adolf Hitler, aus: Verena Lenzen, Am Sinai sprach Gott nur zu den Männern, in: Rheinischer Merkur v. 13.1.1995 – 47 Worauf es ankommt, wenn Er kommt (50756). T: A. Albrecht/M: L. Edelkötter. Aus: Worauf es ankommt, wenn ER kommt (IMP 1011 - vergriffen), Don Bosco (IMP 1028 vergriffen), Wir sind Kinder dieser Erde (IMP 1045 vergriffen), Weißt du, wo der Himmel ist (IMP 3001). Alle Rechte im Impulse Musikverlag Ludger Edelkötter, 48317 Drensteinfurt – Aus: J. Zink, Neue Zehn Gebote. Kreuz Verlag, Stuttgart 1995 – 48 Aus: H. Schlüngel-Straumann, Der Dekalog – Gottes Gebote? Stuttgarter Bibelstudien 67. Stuttgart 1973 – 54 Martin Autschbach, Zehn Ermutigungen zum Leben, aus: Freiräume. Religionsbuch für berufsbildende Schulen, hrsg. v. d. Gesellschaft für Religionspädagogik e.V., Villigst. Cornelsen Verlag, Berlin 1993 – 55 Aus: Hartmut von Hentig, Bibelarbeit. Carl Hanser Verlag, München 1988 – 56 Aus: Dietrich Bonhoeffer, Ethik. Chr. Kaiser Verlag, München 1975 – 57 Der Originaltext zu dieser zusammengefassten und zum Teil mit eigenen Worten wiedergegebenen Passage findet sich in: G.D. Borasio/R. Voltz, Amyotrophe Lateralsklerose, Fallbericht, in: Zeitschrift für medizinische Ethik 40 (1994), S. 143 f. – 66 Interview, in: Evangelische Kommentare 14 (1981) Nr. 4. Kreuz Verlag (gek.) – 67 Aus: Martin Luther King, Black Power, in: Wohin führt unser Weg? Econ-Verlag, Düsseldorf 1968 – Kurt Scharf, Interview des SWF II v. 21.11.1979 – 70/71 Zu diesen Deutungen vgl. ausführlicher: H. Weber, Die Rede der Reden. Eine Auslegung der Bergpredigt heute. Zürich 1985, S. 18-30 – 71 Aus: Pinchas Lapide, Die Bergpredigt – Utopie oder Programm? M.-Grünewald-Verlag, Mainz 1982 – 72 Zwischen Gesetz, aus: Peter Singer, Praktische Ethik. Übers. v. Jean Claude Wolf. Reclam, Stuttgart 1994 – 73 Aus: Markus Lesch, Die Toleranz gegenüber Gewalt nimmt beängstigend zu, in: Die Welt v. 23.8.1996 – 78 Zitat v. Stanislaw Jerzy Lec – Kleine Phänomenologie, nach: Wilhelm Weischedel, Skeptische Ethik. Suhrkamp Verlag, Frankfurt am Main ²1977 – 79 Zitat Romano Guardini, aus: Das Gute, das Gewissen und die Sammlung. Mainz ²1931 – 80 Aus: Die pastorale Konstitution über die Kirche in der Welt von heute »Gaudium et Spes« Art. 16 – 81 Als Niederschrift, aus: Sigmund Freud, Abriss der Psychoanalyse. Das Unbehagen in der Kultur. 1938. S. Fischer Verlag, TB Bd. 47, Frankfurt am Main 1955, S. 10, 110, 114 f. – 86 Aus: Johannes Gründel, Das Gewissen. Subjektive Willkür oder oberste Norm? Patmos Verlag, Düsseldorf 1990 – 88 Interview »Gewissen gegen Rechtsnorm«, in: Spiegel 20/1994 – 89 Ferntourismus, aus: Zukunftsfähiges Deutschland. Ein Beitrag zu einer globalen nachhaltigen Entwicklung, hrsg. v. BUND und Misereor, Basel – Boston – Berlin 1996 – 90 Rechte beim Autor – 94 Aus: Quelle wie S. 54 – 96 Karin L., aus: Quelle wie S. 54 – 97 Aus: Peter Knauer, Unseren Glauben verstehen. Echter Verlag, Würzburg 1986 – 101 Quelle unbekannt – 103 Zitate Carol Gilligan, Frigga Haug, aus: Gunhild Buse, Macht – Moral – Weiblichkeit. Eine feministisch-theologische Auseinandersetzung mit Carol Gillian und Frigga Haug. M.-Grünewald-Verlag, Mainz 1993 – 111 Wenn einer alleine träumt (Nr. 50688). T: Dom Helder Camara/M: L. Edelkötter. Aus: Herr, gib uns Deinen Frieden (IMP 1020 vergriffen), Wir sind Kinder dieser Erde (IMP 1045 vergriffen). Alle Rechte im Impulse Musikverlag Ludger Edelkötter, 48317 Drensteinfurt – 112 Aus: Antoine de Saint-Exupéry, Der Kleine Prinz. (c) 1956 Karl Rauch Verlag, Düsseldorf – 113 Aus: Wilhelm Korff, Theologische Ethik. Eine Einführung. Verlag Herder, Freiburg 1975 – 114 Organspende, Enzyklika »Casti Connubii«, DH 3723 – Zinsnahme, 2. Laterankonzil, DH 716 – 115 Organverpflanzung, KKK 2296 – Ganz im Unterschied, aus: Bernhard Häring, Das Gesetz Christi. Erich Wewel Verlag, München 1954 – 118 Aus: Johannes Gründel/Hendrik van Oyen, Ethik ohne Normen? Verlag Herder, Freiburg 1970 – 120 Aus: H.G. Gruber, Christliche Ethik in moderner Gesellschaft. Verlag Herder, Freiburg 1994 – 121 Aus: Bernd Guggenberger, 1994 – Das Jahr, in dem der Mensch lernte, ohne sich selbst auszukommen, in: Erwachsenenbildung 42 (1996) 54 ff. – 128 Aus: Wilhelm Busch, Die fromme Helene – 129 Aus: Phantasie und Gehorsam. Kreuz Verlag, Stuttgart 1988 (gek.) – 130 Aus: Dietmar Mieth, Die neuen Tugenden. Patmos Verlag, Düsseldorf 1984 (gek.) – 132 Aus: Nikomachische Ethik, 2. Buch, 1-7. Stuttgart 1987, S. 34-50 – 133 Aus: Peter Knauer, Der Glaube kommt vom Hören. Verlag Styria, Graz, Anm. 113 – 136 Aus: Dorothee Sölle, Gewalt: Ich soll mich nicht gewöhnen. Patmos Verlag, Düsseldorf 1994 – 137 nichts gelernt, aus. Zu Hause in der Fremde. Ein Ausländer-Lesebuch, hrsg. v. Christian Schaffenricht. Rowohlt, Reinbek/Hamburg 1984 – 142 Aus: Wilhelm Weischedel, Skeptische Ethik. Suhrkamp Verlag, Frankfurt am Main 1996 – 144 Albert Einstein, Quelle unbekannt – F. Burrhus Skinner, aus: Ethik 2. Lehr- und Arbeitsbuch für den Ethikunterricht an allgemeinbildenden und beruflichen Gymnasien in der Klasse 12, hrsg. v. W. Schwoerbel u.a. Stam Verlag, Köln 1994 – 145 Aus: E. Coreth, Was ist der Mensch? Grundzüge einer philosophischen Anthropologie. Verlag Tyrolia, Innsbruck ²1976 – Aus: Paul Sartre, Ist der Existentialismus ein Humanismus?, in: ders., Drei Essays. Rowohlt Verlag, Reinbek/Hamburg 1966 – 147 Aus: Eugen Drewermann, Angst und Schuld. M.-Grünewald-Verlag, Mainz ³1984 = Psychoanalyse und Moraltheologie, Bd. 1, S. 134 f.; Schema S. 133 – 148 Aus: Peter Knauer, Unseren Glauben verstehen. Echter Verlag, Würzburg 1986 – 151 Aus: P. Ceelen/C. Caretto, Ehrlich vor Gott. Verlag Herder, Freiburg – Basel – Wien 1981 – 152 Aus: H.J. Schultz (Hrsg.), Alter als Freiheit – Die neuen Alten. Kreuz Verlag, Stuttgart 1985 – 153 Aus: Wolfgang Dietrich, Sabbat halten. Arbeit loslassen. Verlag am

Eschbach, Eschbach 1987 – 154 Aus: Virginia Satir, Mein Weg zu dir. Kösel-Verlag, München 1989 – 158 © Peter Friebe, Germering – 159 Aus: Petrus Ceelen, So wie ich bin. Patmos Verlag, Düsseldorf 1982 – 160 Aus: Martin Gutl, Meine Wege sind dir vertraut. Verlag Styria, Graz 1990 – 161 Zitat aus: Gerhard Ebeling, Die Evidenz des Ethischen und die Theologie, in: ders., Wort und Glaube, Bd. II. Mohr Verlag, Tübingen 1969 – 162 Aus: Johannes Gründel, Schuld, Vergebung und Versöhnung, in: Grundlagen und Probleme heutiger Moraltheologie, hrsg. v. Wilhelm Ernst. Echter Verlag, Würzburg 1989 – 163 Aus: Fritz Zorn, Mars. S. Fischer Verlag GmbH, Frankfurt am Main 1991 – 166 Aus: Hilde Domin, Gedichte. © S. Fischer Verlag GmbH, Frankfurt am Main 1987 – 167 Es gibt. Quelle unbekannt – 169 Albert Camus, Der Fall, in: ders., Gesammelte Erzählungen. Übers. v. Guido Meister. Rowohlt Verlag, Reinbek/Hamburg ⁶1971 – 170 Aus: Zielfelder ru 7/8. Kösel-Verlag, München 1976 – 174 Aus: Rabindranath Tagore, Sadhana – Der Weg zum wahren Leben. Hyperion-Verlag, Freiburg ³1960 – Zitat Edith Piaf, aus: F. Furger, Einführung in die Moraltheologie. Darmstadt 1988 – 175 Aus: Arthur Schopenhauer, Preisschrift über die Freiheit des Willens, in: ders., Kleinere Schriften, Zürich 1988 – 177 Aus: Peter Singer, Wie sollen wir leben? Ethik in einer egoistischen Zeit. Übers. v. Hermann Vetter. H. Fischer Verlag, Erlangen 1996 – 180 Aus: Annemarie Pieper, Einführung in die Ethik. A. Francke Verlag, Tübingen ³1994 – 181 Rechte beim Autor – 182 Aus: Vaclaw Havel, Was mir zu tun bleibt – Reflexionen im Genfängnis. (c) Rowohlt Verlag, Hamburg, in: FAZ v. 22.2.1983 – Aus: Hans Grewel, Brennende Fragen christlicher Ethik. Vandenhoeck & Ruprecht, Göttingen 1988 – 183 Aus: Viktor Frankl, ... trotzdem Ja zum Leben sagen. Ein Psychologe erlebt das Konzentrationslager. Kösel-Verlag, München ⁶1987 – 185 Aus: Paul Watzlawick, Anleitung zum Unglücklichsein. Piper Verlag, München 1992

Einige Quellenangaben sind trotz Bemühungen des Verlags nicht oder nur ungenau möglich. Der Verlag ist für weiterführende Hinweise dankbar.

Neugier auf andere Lebensstile

222 S. Zahlr. Abb. Fotos. Lieder. Rezepte. Geb.
ISBN 3-466-36462-0

**Über die Feste der Religionen lernen wir die
kulturelle Vielfalt der bei uns lebenden Menschen kennen.
Die Bedeutung und die wesentlichen Rituale von 50 Festen
aus Christentum, Islam, Judentum, Buddhismus,
Hinduismus und den Stammesreligionen
werden vorgestellt und erklärt.**

Kösel-Verlag München  online: www.koesel.de

Mit Mandalas meditieren ...

78 S. Mit 21 Malvorl. u. Begleith. Geh.
ISBN 3-466-36449-3

62 S. Mit 23 Malvorl. u. Begleith. Geh.
ISBN 3-466-36492-2

Gerda und Rüdiger Maschwitz geben
in diesen beiden Mandala-Bänden praktikable Impulse
für Kinder, Jugendliche und Erwachsene.
Mandalas werden entweder allein oder in einer Gruppe
gemalt, gestreut, getanzt, gelegt, gepflanzt, imaginiert ...
Über Farben und Blumen, in Papier,
Ton und Emaille, in Begleitung von Gong-Musik ...
wirken Mandalas konzentrierend und heilend auf uns.

Kösel-Verlag München  online: www.koesel.de